U0113319

走进"一带一路"丛书

浙江省社科联社科普及课题（21KPD30YB）
义乌工商职业技术学院协同创新平台（KY-ZX-PT-2021-003-CY）

古老的民族　璀璨的文化
"一带一路"上的俄语国家

陶杰　蒋鹏　编著

浙江工商大学出版社
ZHEJIANG GONGSHANG UNIVERSITY PRESS
·杭州·

图书在版编目(CIP)数据

古老的民族 璀璨的文化："一带一路"上的俄语国家 / 陶杰，蒋鹏编著. — 杭州：浙江工商大学出版社，2022.9

ISBN 978-7-5178-5067-0

Ⅰ. ①古… Ⅱ. ①陶… ②蒋… Ⅲ. ①俄语－国家－概况 Ⅳ. ①K91

中国版本图书馆 CIP 数据核字(2022)第 144322 号

古老的民族　璀璨的文化——"一带一路"上的俄语国家

GULAO DE MINZU CUICAN DE WENHUA——"YIDAIYILU" SHANG DE EYU GUOJIA

陶　杰　蒋　鹏　编著

策划编辑	任晓燕
责任编辑	唐　红
责任校对	韩新严
封面设计	朱嘉怡
责任印制	包建辉
出版发行	浙江工商大学出版社
	（杭州市教工路 198 号　邮政编码 310012）
	（E-mail：zjgsupress@163.com）
	（网址：http://www.zjgsupress.com）
	电话：0571－88904980,88831806（传真）
排　　版	杭州朝曦图文设计有限公司
印　　刷	杭州宏雅印刷有限公司
开　　本	880 mm×1230 mm　1/32
印　　张	8.875
字　　数	223
版 印 次	2022 年 9 月第 1 版　2022 年 9 月第 1 次印刷
书　　号	ISBN 978-7-5178-5067-0
定　　价	59.80 元

基金项目:浙江省社科联普及课题"古老的民族 璀璨的文化
——'一带一路'上的俄语国家"
基金项目单位:义乌工商职业技术学院创新研究院

前　言

　　古代,丝绸之路在世界版图上延伸,诉说着沿途各国人民友好往来、互利互惠的动人故事。如今,一个新的合作倡议——共建"丝绸之路经济带"和"21世纪海上丝绸之路"在世界版图从容铺展。

　　俄语是联合国六大工作语言之一,也是中华人民共和国承认的少数民族正式语言之一。俄语属于斯拉夫语族的东斯拉夫语支,主要在俄罗斯和苏联的其他成员国中使用。俄罗斯和苏联的其他成员国政府大力提倡在语言生活中使用主体民族语言,主体民族语言不仅仅被宪法确立为国语或者官方语言,更多的则是作为日常交际的用语。

　　本课题研究成果《古老的民族　璀璨的文化——"一带一路"上的俄语国家》,主要研究以俄语为官方语言的4个国家,分别是俄罗斯、白俄罗斯、哈萨克斯坦、吉尔吉斯斯坦,并针对以俄语为非官方语言的乌克兰、爱沙尼亚、拉脱维亚、立陶宛、格鲁吉亚、阿塞拜疆、乌兹别克斯坦、土库曼斯坦、塔吉克斯坦等9个国家,分别介绍它们的文化、艺术、风俗习惯、旅游、建筑、重要城市等,旨在对我国"一带一路"建设做出一定的贡献。

‖ 目　录 ‖

第1章

俄罗斯

俄罗斯联邦(Российская Федерация,The Russian Federation,简称:俄联邦、俄国),是一个联邦共和立宪制国家,首都莫斯科。俄罗斯位于欧亚大陆北部,地跨欧亚两大洲,国土面积1709.82万平方千米,是世界上面积最大的国家,也是一个由194个民族构成的多民族国家,主体民族为俄罗斯族。

俄罗斯人的祖先为东斯拉夫人罗斯部族。公元15世纪末,大公伊凡三世建立莫斯科大公国。1547年伊凡四世自称沙皇,1721年彼得一世被元老院授予"全俄罗斯皇帝"的头衔,并建立俄罗斯帝国。1917年十月革命后建立了苏维埃俄国。1922年12月30日,苏俄同"一战"后从俄罗斯帝国独立出去的各个国家组成苏联。苏联解体后,最大加盟国俄罗斯继承苏联大部分军事力量。

俄罗斯是五大联合国安全理事会常任理事国之一,对安理会议案拥有一票否决权。此外,它还是上海合作组织成员国、金砖国家之一。

近代以来的俄罗斯文化,群星璀璨,绚丽多姿,显示了其独特而巨大的创造力。俄罗斯曾先后受到拜占庭文明、游牧民族和西方文化的不同影响,俄罗斯文化的形成和发展主要是在与外来文化不断碰撞、冲突和交融的过程中实现的。而在近代以来俄罗斯的欧化进程中,俄罗斯传统文化没有被同化和淹没,而是在与西方文化的交融中获得了新的生命力,西方文化在经过一番改造之后被吸收成为俄罗斯文化中的新成分,从而推动了俄罗斯文化的发展,形成了俄罗斯文化的独特魅力。

1.1 首都莫斯科

莫斯科是俄罗斯的首都,也是俄罗斯的政治、经济、文化、金融、交通中心,是一座国际化大都市,地处俄罗斯欧洲部分中部、东欧平原中部,跨莫斯科河及支流亚乌扎河。莫斯科河和伏尔加河流域的上游入口处相通,是俄罗斯乃至欧亚大陆上极其重要的交通枢纽,也是俄罗斯重要的工业中心、科技中心、教育中心。

1147 年莫斯科沿莫斯科河而建,从莫斯科大公国时代开始,到沙皇俄国、苏联以及到现在的俄罗斯联邦,一直是国家首都,迄今已有 800 余年的历史,是世界著名的古城。莫斯科拥有众多名胜古迹,克里姆林宫便建立在这里。莫斯科城市规划优美,植被覆盖面积大,从高处俯瞰,整个城市掩映在一片绿海之中,故有"森林中的首都"之美誉。

在莫斯科,你可以在无数精美的历史建筑物间穿梭,比如古老的红场、壮丽的克里姆林宫等。

1.1.1 克里姆林宫

1156 年,克里姆林宫始建于波罗维茨低丘上,15 世纪后半叶到 16 世纪初,发展成为欧洲最大的城堡之一。"克里姆林"在俄语中意为"内城",南临莫斯科河,西北接亚历山大罗夫斯基花园,东北与红场相连,形状呈不规则的三角形。宫墙总长2235 米,高度从 5 米到 9 米不等,宫墙四周矗立着外观各不相同的塔楼20座,其中最壮观、最著名的要数带有鸣钟的救世主斯巴斯塔楼。5座最大的城门塔楼和箭楼装着红宝石五角星,这就是人们所说的克里姆林宫红星。克里姆林宫享有"世界第八奇景"的美誉。

莫斯科克里姆林宫是俄罗斯国家的象征,是世界上最大的建筑群之一,是历史瑰宝、文化和艺术古迹的宝库。

克里姆林宫位于莫斯科市中心,是俄罗斯的标志之一。在克里姆林宫周围是红场和教堂广场等一组规模宏大、设计精美巧妙的建筑群。此外,还有建于公元18世纪的枢密院大厦,以及建于公元19世纪的大克里姆林宫和兵器陈列馆等。每一座建筑都蕴含着俄罗斯人民无与伦比的智慧,是世界建筑史上不可多得的杰作。克里姆林宫内保存有俄国铸造艺术的杰作:重达200吨的"钟王"和40吨的"炮王"。克里姆林宫由此成为备受珍视的文化遗产。

"钟王"铸造于1733年,重202吨,高6.14米,直径6.60米,耗费了两年时间,比北京永乐大钟重4.5倍。钟上铸有沙皇阿列克谢伊和皇后安娜的像,还有神像等。在"钟王"的北面不远处,放着一门大炮,号称"炮王"。"炮王"铸造于1586年,重40吨,炮身长5.34米,炮口直径0.92米。炮架上有精美的浮雕和沙皇费多尔的像。

克里姆林宫是俄罗斯世俗和宗教的文化遗产,它既是政治中心,又是公元14—17世纪俄罗斯东正教的活动中心。这里过去是统治俄罗斯帝国的多代君王的皇宫,十月革命后是苏联最高权力机关和政府的所在地,今天又是俄罗斯的总统府(议会和政府现已迁出克里姆林宫)。可以说,从公元13世纪起,克里姆林宫就与俄罗斯的所有重大政治事件有关,它见证了俄罗斯从一个莫斯科大公国发展至今日横跨欧亚大陆的强大国家的全部历史。

克里姆林宫的中央是教堂广场,有 3 座金顶大教堂,它们分别是:圣母升天大教堂、报喜教堂及天使长大教堂。圣母升天大教堂建于 1475—1479 年,在数百年的时间里,它一直是俄国朝廷主教堂,历代大公和沙皇都曾在这里行加冕礼。报喜教堂建于 1484—1489 年,是大公和沙皇的御用礼拜堂,他们在这里做日常祷告、受洗礼、举行婚礼。天使长大教堂建于 1505—1508 年,是历代君王的寝陵。

克里姆林宫大礼堂同时也是一座现代化的剧院。这里有 6000 个舒适的座席,以主席台为中心,呈半圆形向外辐射。每个座席配有电子投票和同声传译系统。主席台即舞台,面积为 450 平方米,灯光、音响、布景等设施一应俱全,还有能容纳一个交响乐团的乐池。环绕剧院的是明亮宽敞的休息大厅。大礼堂的最高一层是 900 平方米的宴会厅。整个建筑的 1/3 建在地下,主要是办公用房,共有 800 间办公室。

克里姆林宫大礼堂是俄罗斯举行重要会议、节日庆典和颁奖授勋的地方,也是普通民众欣赏芭蕾舞、聆听音乐会和观看时装表演的场所。俄罗斯的表演团体在这里献艺,来自世界各地的著名艺术家也在这里演出。大礼堂还经常为普通观众和青少年举办普及性的芭蕾舞等演出活动。

1.1.2　红　场

红场是俄罗斯首都莫斯科市中心的著名广场,临莫斯科河,是莫斯科最古老的广场,是重大历史事件的见证场所,更是俄罗斯在重要节日举行群众集会、大型庆典和阅兵活动之处,还是世界著名的旅游景点。红场建于 15 世纪末,17 世纪后半期取名红场。红场西侧是克里姆林宫,北面为国立历史博物馆,东侧为百货大楼,南部为瓦西里布拉仁教堂。

在俄语中,"红色"含有"美丽"之意,"红场"的意思就是"美丽的广场"。红场的国际知名度与天安门广场并驾齐驱,可是面积大约只有天安门广场的 1/5。广场地面很独特,用赭红色方石块铺成,油光瓦亮。

红场的西侧正中,紧靠着克里姆林宫的是著名的列宁墓。列宁墓于 1924 年 1 月 27 日建成,最初是木结构的,1930 年改用花岗石和大理石建造。卫国战争后,装有列宁遗体的水晶棺被重新放置于列宁墓内。列宁墓一半在地下,一半露出地面,体表是阶梯状的 3 个立方体,由红色花岗石和黑色长石建成。陵墓体积为 5800 立方米,内部容积为 2400 立方米。墓前刻有"列宁"字样的碑石净重 60 吨。墓顶是平台,平台两翼是可容纳万人的观礼台,每当举办重要仪式时,领导人就站在列宁墓上观礼指挥。沿黑色大理石台阶而下,可进入陵墓中心的悼念大厅。陵墓后面,紧靠着克里姆林宫宫墙,安葬着加里宁、捷尔任斯基、斯维尔德洛夫、伏龙芝等革命家的灵柩,墓碑上有他们的半身像。

红场上的圣瓦西里大教堂是俄罗斯东正教最华丽的建筑之一,其与克里姆林宫、红场一起构成了莫斯科最有历史文化价值的建筑群,已被列入世界遗产名录。

1.1.3 莫斯科大学

莫斯科大学,全名国立莫斯科罗蒙诺索夫大学,1755 年按教育家米哈伊尔·瓦西里耶维奇·罗蒙诺索夫倡议而创办,至今已有 260 多年历史,是俄罗斯规模最大、历史最悠久的综合性研究型高等院校,是世界最大和最著名的高等学府之一,是国际公立大学论坛、欧洲首都大学联盟、欧洲大学协会成员。

莫斯科大学的主楼位于麻雀山(原名列宁山)。第二次世界大战后,斯大林下令在莫斯科市中心周围建造了被称为七姐妹的七座建筑。从 1953 年开始,莫斯科大学的主楼就位于其中最大的建筑中。当时它也是欧洲最高的建筑,其中心塔高240 米,共 36 层,周围有 4 个翼。据说其走廊总长 33 千米,包含 5000 多间房间。其顶部的红星包含一间小屋和一个展望台,重 12 吨。建筑的表面画有钟、气压表、温度计等巨大图案,饰有雕塑和镰刀斧头的图案。建筑前有著名俄罗斯学者们的塑像,其中就包括莫斯科大学的创始人罗蒙诺索夫,该像伫立于主楼正前方,与图书馆相呼应的位置。

具有世界影响的学科流派,以及与国际教学水平接轨的现代化的教学方法保证了莫斯科大学高质量的教学水平。莫斯科大学诞生了 13 位诺贝尔奖得主、6 名费尔兹奖得主。2020年,在国际大学排名中,莫斯科大学列世界第 21 位。2021 年,在 QS 世界大学排名中,莫斯科大学列世界第 74 位。

1.1.4 莫斯科地铁

莫斯科地铁被称为流动的俄罗斯文化博物馆。从交通运输、国防、历史、艺术、文学、建筑风格等角度审视莫斯科地铁,其可谓集大成之经典之作。它是世界上规模最大的地铁之一,并一直被公认为世界上最漂亮的地铁,享有"地下的艺术殿堂"之美称。

地铁站的建筑造型各异、华丽典雅。每个车站都由俄罗斯著名建筑师设计,各有其独特风格。来自乌拉尔山、阿尔泰、中亚、高加索及乌克兰等不同产地的 20 多种大理石及矿石,铺满了车站的大厅。精美的大理石艺术雕像、浮雕,典雅的吊灯、玻璃拼花及站台顶部那些代表着精湛建筑艺术的马赛克镶嵌画,使车站富丽堂皇、高端大气,仿佛成了建筑艺术博物馆。莫斯科地铁有近 200 个站名,涵盖了俄罗斯众多的名人、历史事迹、政治事件,如"胜利广场""马克思主义者""红色近卫军""列宁大街""共青团员"等。从地铁壁画的内容看,反映俄罗斯和苏联时期的重大历史事件的更是比比皆是,既记载了那段艰苦的岁月,又完美地展现了一幅幅激情澎湃的历史画卷,莫斯科地铁不愧为历史的博物馆。虽说莫斯科地铁设计前卫、建筑华丽,但奢华的外表下传递出的是俄罗斯人对国家和民族文化的热爱。

共青团地铁站的天花板上镶嵌着 8 个由彩色玻璃和石头拼成的巨型浮雕,其中有 6 个分别描绘了俄罗斯从古至今的著名民族英雄:涅瓦王亚历山大(13 世纪)、顿河王季米特里(14 世纪)、莫斯科解放者米宁和波扎尔斯基(17 世纪)、苏沃洛夫(18 世纪)和库图佐夫(19 世纪),以及中国人熟悉的列宁。

莫斯科地铁是一个展示俄罗斯文学艺术的博物馆,到处弥漫着文学的气息。不少地铁站都是以"马雅可夫斯基""普希金""契诃夫""屠格涅夫"等闻名世界的俄罗斯大文豪的名字命名。在这些以俄罗斯著名作家命名的地铁站中,名气最大的是以苏联时期著名诗人马雅可夫斯基名字命名的"马雅可夫斯基站"。这个地铁站的建筑风格被归入"斯大林新古典主义",前卫的设计理念融入了传统的装饰元素,地铁入口处竖立着诗人目光深邃的头像,别有一番诗人般的浪漫情怀。在文学仿佛正在离开我们生活的今天,莫斯科地铁却免费向乘客提供 100 多部经典文学作品,乘客只需用智能手机或平板电脑扫描编码,就可以浏览图书馆的数字书籍。乘坐莫斯科地铁,车厢里除了报站声和地铁运行的轰隆声,几乎没有其他的声音,乘客大多都在安静地阅读,少有大声喧哗的情况。

1.2 圣彼得堡

圣彼得堡,旧称列宁格勒和彼得格勒,位于俄罗斯西北部,波罗的海沿岸、涅瓦河口,处于北纬59°—60°、东经29°—30°,是俄罗斯的中央直辖市、列宁格勒州的首府、俄罗斯西北地区中心城市、全俄重要的水陆交通枢纽,是世界上人口超过百万的城市中位置最北的一个,又被称为俄罗斯的"北方首都"。圣彼得堡也是俄罗斯联邦海军舰队总部的所在地。

圣彼得堡是仅次于莫斯科的俄罗斯第二大城市,面积1439平方千米,其中市区面积606平方千米。圣彼得堡始建于1703年,已有300多年的历史,市名源自耶稣的弟子圣徒彼得。1712年彼得一世决定把首都从莫斯科迁到圣彼得堡,在以后的200多年时间里,这里都是俄国的首都。1924年列宁逝世后,为纪念列宁,更名为列宁格勒,1991年又恢复原名为圣彼得堡。

今天的圣彼得堡是俄罗斯重要的政治、经济、科学和文化中心之一,是一座大型综合性工业城市,经常被称为俄罗斯最西方化的城市,是俄罗斯通往欧洲的窗口,许多外国领事馆、跨国公司、银行和其他业务据点均位于圣彼得堡。它也是一座科学技术和工业高度发展的国际化城市。

圣彼得堡是一座文化名城。许多俄国著名诗人及作家,比如普希金、莱蒙托夫、高尔基等都曾在此生活和从事创作。

圣彼得堡市内现有53所国立高校,40多所非国立高校,400多个科研机构,2000多个图书馆,80多个剧院(最著名的当数马林斯基剧院），100多个剧团，45个美术馆，62个电影院，3675个体育设施（其中体育场38座）。圣彼得堡以其众多的历史文化古迹著称，其城市的历史中心和相关历史古迹及市郊的宫殿花园建筑等36个项目共计4000余个建筑、历史和文化遗迹被列入《世界遗产名录》。圣彼得堡有264家博物馆，其中艾尔米塔什博物馆(冬宫)、彼得宫(夏宫)、康斯坦丁宫、叶卡捷琳娜宫、巴甫洛夫斯克宫、尤苏波夫宫、斯莫尔尼宫、彼得保罗要塞、伊萨基亚大教堂、俄罗斯博物馆等较为著名。

圣彼得堡的教育已有近300年的发展历史，具有良好的传统和极高的国际声誉，因此圣彼得堡也被称作俄罗斯"教育之都"。在圣彼得堡众多的学校中，艺术类院校在世界上名列前茅，如美术、音乐和芭蕾舞院校。列宾美术学院是世界四大美术学院之一，圣彼得堡国立音乐学院与奥地利维也纳音乐学院齐名，瓦岗诺娃芭蕾舞院校更是排名世界首位。在圣彼得堡，仅国立的艺术院校就有8所，这些艺术院校和美丽的城市本身，使这座城市成为当之无愧的世界艺术之都。

圣彼得堡旅游资源丰富，有与城市历史一样悠久的涅瓦大街，还有冬宫、夏宫等优秀历史建筑，位于十二月党人广场上的青铜骑士是圣彼得堡的标志性雕塑。因为涅瓦河口建在波罗的海东岸，整个城区分布在涅瓦河三角洲的岛屿上，许多河流穿越城区而过，别具水城风情，故有"北方威尼斯"之称。由于圣彼得堡纬度很高，所以夏季有独特的"白夜"景色，令人流连忘返。

与莫斯科相比，圣彼得堡更具皇家风范，其被联合国教科文组织列为第八个受欢迎的旅游城市。这座城市以其独特的风格吸引着不同国家的来客。

1.3　俄罗斯雕塑

托尔斯泰的雕塑,昂首挺胸、气宇非凡,其突出的前额和眉弓使双目凹陷,隐没在暗影之中,增强了苦闷沉思的表情,这种表面沉静而隐藏于内的力量更加令人深思。其深邃的目光及嘴唇的姿态,表现出一种心情、一种冥想、一种对人性的思考。从这些细节中,可以看到托尔斯泰精神世界最真实的一面,这种复杂的内心意蕴被雕塑家挖掘出来了。

柴可夫斯基的雕塑,凝固了他在创作瞬间的神态,眼神中折射出芭蕾舞剧《天鹅湖》优美的舞姿,微微展开的嘴唇仿佛吟唱着著名歌剧《叶甫盖尼·奥涅金》和钢琴套曲《四季》,他的表情有着强烈的感染力,有的细腻婉转抒情,有的充满激情。雕塑生动逼真,似乎正在演绎其内在精神洪流的决堤奔放。

莱蒙托夫的雕塑,传神地刻画出诗人的气质,诗人眉毛微扬,仿佛正激情满怀地朗诵自己刚创作的诗篇,给人以栩栩如生的感觉,雕塑的形象和姿态显露出他心中的情感和内在精神,所处的幽静的角落恰到好处地衬托出诗人浪漫率真的性情。

这些雕塑的总体形象和姿态,都显露出本人心中的情感和内在精神。总体动态趋向沉静沉凝,他们的眼神都是平视姿态。这样的姿态是人在沉思时最常采用的一种姿态,从欣赏和理解的角度考虑,这也是一种最易被我们接受并认同的姿态。托尔斯泰的头部姿态,体现出其特别的内在"动"感,由稳定的垂直向上变为不稳定的向左斜上扬,构成一条斜线,用这种不寻常的雕塑语言来体现思索。这些雕塑的构图完美,直线与曲线连接流畅、横竖疏密合理、对比分明,通过不同的曲线造型、服装和发型、脸庞和神态表现得栩栩如生,在不断变化的阳光下,产生极为生动的光影效果。

　　雕塑的仪态、风貌、神采,以及雕塑技巧的规整、圆熟,使这几位文学巨匠的造型更近于自然,更接近真实,并且分别抓住了人物的"神情之要",即眼神,就像是神来之笔,让雕塑都生动起来。大至文学,小到眉眼,全都凝聚到雕塑与欣赏者之间。经年以后,当滔滔言辞都成了过眼烟云,唯有雕塑还在;而且,不管语言文字发生多大变化,雕塑都还在默默发言,并让所有的欣赏者立即懂得。

1.4 文学和书籍

13 世纪,俄罗斯的编年史编撰处于衰落甚至中断状态,但出现了一些反映被蒙古征服及被北方日耳曼骑士团和瑞典侵略的记事体裁文学作品,如《卡尔卡战役记》《梁赞崩溃记》《拔都入侵记》《亚历山大·涅夫斯基传》等。1274 年开始担任弗拉基米尔主教的谢拉皮昂·弗拉基米尔斯基所写的《箴言》沉痛地描述了蒙古对俄罗斯的征服:"我们父兄的鲜血像大水一样流淌,我们的王公和将军丧失了勇气和顽强,……我们许多的兄弟孩子被俘虏,我们的村庄遭破坏,我们的财富……我们的劳动果实被敌人掠夺,……我们的土地被敌人占领。"他强烈地表达了俄罗斯摆脱外族统治、获得解放的愿望。不少作品把给罗斯带来灾难的蒙古征服视为上帝对"我们"的罪恶进行惩罚,或把外敌入侵看作世界末日到来之前预言实现的前奏,但同时也描写了俄罗斯人热爱祖国、抗击外敌的忠诚和牺牲精神。

在那个历史时期,俄罗斯不但蒙受着来自东方的征服,而且还面临着来自西方的威胁。《亚历山大·涅夫斯基传》突出地描述了亚历山大·雅罗斯拉维奇在涅瓦河畔战胜瑞典人的事迹,以及诺夫哥罗德勇士在冰封的楚德湖上同日耳曼骑士团作战的功勋。

同拜占庭和南方斯拉夫各国的联系在 14—15 世纪俄罗斯文化中具有重要意义,许多文学作品和艺术品从这些地方源源不断地输入俄罗斯。新的知识、思想和艺术精神成为俄罗斯文化复兴的重要刺激因素。

13 世纪后,俄罗斯文学中出现了强烈的怀古倾向和民族意识,人们力图从蒙古入侵前的俄罗斯独立时代中寻找力量和希望。流传于民间的叙事诗被汇编为基辅叙事诗集,其中收编了许多罗斯壮士歌,它们所描写的是伊利亚·穆罗梅茨、多勃雷尼亚·尼基季奇、阿廖沙·波波维奇等罗斯勇士同鞑靼人浴血奋战的事迹。反抗异族统治的斗争是这个时期罗斯文学的主题。1380 年库利科沃战役之后,莫斯科出现了不少歌颂罗斯军队胜利的作品,其中比较著名的是梁赞人索封尼写的叙事诗《在顿河彼岸》。这部作品在形式和思想上都仿效了《伊戈尔远征记》,只不过描写的内容是俄罗斯的胜利而不是俄罗斯曾遭受过的失败。另一部反映库利科沃战役的作品《马迈大战记》也曾广为流传,它以鲜明生动的语言、高亢激昂的感情记述了俄罗斯军队与金帐汗国军队的战斗场面。15 世纪时,许多有关这类题材的民间传说被改编为情节复杂的文学作品。

与当时社会现实生活中的苦难、艰辛和不平等有关,在 15 世纪,宗教劝谕性作品是比较突出的文学形式。这一时期传播最广的教会训诫文集中有不少文章谴责贵族统治阶级的贪婪及对穷人的奴役,呼吁人们行善,善待饥渴者、病人乃至犯人,要求老爷们对奴隶和仆人施恩布惠,让他们吃饱饭、有衣穿。"你所做的一切好事上帝都会看到,而这将对你有利。"

传记文学已不再仅仅是描写圣者的行为,而开始反映人物的内心世界并注重揭示精神的美。15 世纪出现的《彼得·穆罗姆斯基和菲芙罗尼娅·穆罗姆斯卡娅纪事》描写的是一个动人的爱情故事:穆罗姆王公彼得爱上了普通农村姑娘菲芙罗西娅,不顾领主们的反对娶她为妻,后来又为她放弃了王公之位。彼得和菲芙罗西娅的爱是如此真挚,即便是死亡也不能把他们分开,他们死后本来分开安葬的遗体竟然出现在同一具棺木里。作品在赞颂王公与村姑之间坚贞爱情的同时,表达了超越当时社会观念的思想:每个人都有权利不受传统阶层道德的约束,去追求属于自己的幸福。这是古罗斯文学中最富有诗意、最动人心弦的作品之一。

游记作为一种特殊的文学体裁,在 14 世纪也有突出的表现。接受基督教以来,罗斯人就有去帝都(君士坦丁堡)和近东各处圣地朝圣旅行的传统,但在 13 世纪因蒙古的征服而中断了,到 14 世纪上半期才逐渐恢复。14 世纪中叶,诺夫哥罗德人斯特凡留下了他对君士坦丁堡之旅的生动记载。他的《旅行记》反映了当时诺夫哥罗德人对艺术的兴趣和修养。斯特凡和"其他人"于 1348—1349 年去君士坦丁堡游历,那时的君士坦丁堡可以说是一座艺术之都,城中遍布壮丽的教堂、宏伟的公共建筑、巨大的宫殿和无数从各地运来的艺术品。斯特凡对帝都的重要建筑、文化遗迹和艺术名胜的观察十分细致,描述也极为详尽,君士坦丁堡大部分著名的艺术遗迹和作品都被纳入其游记中。像诺夫哥罗德的许多文学作品一样,斯特凡的《旅行记》简洁而又朴素,文学思维明白清晰,写法凝练务实。他特别关注的是他自己的祖国没有的东西和令他觉得最不平常的东西:从海上远远便能看见的尤士丁尼皇帝的巨大雕像、索菲亚教堂的立柱、柱廊式大厅里的基督雕像、康士坦丁大帝立柱,以及华贵精美的大理石建筑构件和装饰。斯特凡对大理石这种罗斯及诺夫哥罗德还没有用过的材料做了细致的描述,说这是色彩丰富的、带有纹理的、非常光滑的、惊人美丽的石头,"从它们上面可以看见自己的面孔,就像在照镜子一样。它们从伟大的罗马被运来"。除了斯特凡的《旅行记》外,诺夫哥罗德还有两部 14 世纪的描写君士坦丁堡的作品,即《关于帝都的传说》和《关于帝都圣地的谈话》,这两部作品也像斯特凡的《旅行记》一样,对君士坦丁堡的艺术遗迹充满敬仰、激动和惋惜之情。

1438 年,罗斯使团出席佛罗伦萨宗教会议,这是罗斯人首次进入意大利。他们在往返途中经过了利沃尼亚、德国、匈牙利和波兰,在一些使团成员的旅行札记中,有很多关于这些欧洲城市的建筑、街景、工厂、医院、交通等各个方面情况的详细记载。1469 年,特维尔商人阿法纳西·尼基金去阿塞拜疆经商,因故辗转到了印度并在那里居留三年。他在《三海游记》一书中对印度的自然景色、人文遗迹和社会生活的现实做了详细的描写。这类游记作品的价值不仅在于文学方面,也在于它们把罗斯人的视野拓展到了外国,使俄罗斯人了解地理、人文和社会,传播了新的知识。

在 16 世纪,文学的状况是与农奴制度和专制制度逐步形成的趋势相适应的。文学被更加紧密地与社会政治目的联系起来。因此,就形式而言,歌颂君主、论证中央集权必要性的政论文章及宣扬宗教、鼓吹东正教精神的圣徒传记占了主要地位,其中有代表性的是伊凡四世等人的政论,以及 10 卷本的罗斯圣徒列传、弗拉基米尔诸王子传等。

在历史著作方面,16 世纪三四十年代汇编成的一部全俄编年史汇集了罗斯建国以来至 16 世纪中叶的大量史料,其编撰原则和方法影响了索洛维约夫和克柳切夫斯基等 19 世纪的俄国历史学家。由于这部编年史的抄本之一在 17 世纪属于总主教尼康,所以后来它通常被称为"尼康编年史"。

16 世纪 70 年代,12 册巨著《插图编年史》完成。这是一部根据沙皇旨意编撰的王室著作,为此成立了专门机构,集中了国内优秀文书和画家来完成文字写作和插图绘制工作。它叙述了从"创世"起到 16 世纪中叶为止的世界史,以及从罗斯建国至 16 世纪 50 年代末的俄国史,并附有多达 1.6 万余幅的小型插图。

主要的史学作品还有记述伊凡四世统治初年历史的《沙皇和大公伊凡·瓦西里耶维奇治国初期的编年史》,以及叙述喀山汗国历史及其归并到莫斯科的过程的《喀山史》等。

《治家格言》是 16 世纪时由诺夫哥罗德的贵族和商人编纂的为富裕阶层治家提供依据的参考书,其内容涉及道德准则、行为规范和礼仪常识。同政治生活中的专制主义相适应,《治家格言》要求在家庭中确立家长的绝对权力。

从 15 世纪后期到 16 世纪,随着俄罗斯统一国家的形成,东北罗斯各地的联系加强,各地方言也不断接近。莫斯科语开始在方言中产生重要影响,成为全国通用语的基础。俄罗斯民族语言逐渐形成,全国统一的文字固定下来。俄罗斯出现了专门进行识字教育的学堂,它们通常设在修道院或教堂,由修道院院长或神父担任教师。16 世纪中期,沙皇政权开始考虑建立学校教育系统。1551 年,宗教百条会议根据"沙皇的旨意"做出决定,在莫斯科和全国所有城市建立书院。这一计划由于缺乏称职的教师而未能实现,但国家逐步认识到教育的重要性却是这一时期的一个趋势。16 世纪有一条法律规定,证明契约有效的基本方法是当事人在文件上面签字。还有一条法律规定,凡担任国家职务者必须识字。这表明当时居民识字已经比较普遍,已经形成了一个人数不少的脑力劳动阶层。

统一文字的推广促进了书籍抄写业的发展。16 世纪的城市、修道院以至乡村都有专门以抄写书籍为职业的文人,他们把抄写好的书籍拿到市场上出售。由于这种现象非常普遍,宗教百条会议决定,未经地方神职人员事先审查的手抄本不得在市场上出售。修道院藏书数量显著增加，许多王公、领主以至工商业者也都有自己的藏书库或藏书。图书抄写、制作、翻译、编撰的发展，提高了居民的文化程度。

印刷术离俄罗斯也越来越近。伊凡三世派往神圣罗马帝国的使者曾经把吕贝克的印刷技师瓦尔弗洛梅·戈坦动员到莫斯科来，但戈坦来了以后未能开展自己的事业。伊凡四世时期，1547 年，莫斯科政府曾从德国招募了一批手工业者，其中包括一些印刷技师。但他们在吕贝克被扣留了，未能来到俄国。1552 年，丹麦国王克里斯蒂安三世曾派印刷技师到莫斯科，但他的想法是在俄国传播路德教经书，这自然是沙皇不会允许的。

16 世纪 50 年代，俄国终于印出了第一批宗教内容的书籍。这些书籍的印制质量还比较粗糙，并且没有署上印制者的姓名，因而被称为无名书。1556 年，开始出现署名的印刷书籍。1563 年，在莫斯科建立了俄国第一家印刷所，沙皇政权指派伊凡·费奥多罗夫和彼得·姆斯基斯拉维茨主持相关工作。1564 年印刷出版的《使徒行传》以其精美的版式设计和装潢、规整美观的字模、平整清晰的印张，成为俄国印刷术逐渐成熟的标志。

1.5　文学巨匠

1.5.1　列夫·尼古拉耶维奇·托尔斯泰

列夫·尼古拉耶维奇·托尔斯泰是 19 世纪中期俄国批判现实主义作家、政治思想家、哲学家,他的作品在世界文学中有着巨大的影响,在文学创作和社会活动中,他提出了"托尔斯泰主义",对很多政治运动产生了深刻的影响。代表作有《战争与和平》《安娜·卡列尼娜》《复活》等。

托尔斯泰出身于贵族家庭,1844 年考入喀山大学。1847年退学回故乡,在自己领地上做改革农奴制的尝试。1851—1854 年在高加索军队中服役并开始写作。1854—1855 年参加克里米亚战争。1855 年 11 月到达彼得堡,进入文学界。1857年托尔斯泰出国,看到资本主义社会的重重矛盾,但找不到消灭社会罪恶的途径,只好呼吁人们按照"永恒的宗教真理"生活。1860—1861 年,为考察欧洲教育,托尔斯泰再度出国,结识赫尔岑,听狄更斯演讲,会见普鲁东。1863—1869 年,托尔斯泰创作了长篇历史小说《战争与和平》。1873—1877 年,他经 12次修改,完成其第二部里程碑式巨著《安娜·卡列尼娜》。19 世纪 70 年代末,托尔斯泰的世界观发生巨变,完成《忏悔录》(1879—1882)。19 世纪 80 年代,创作剧本《黑暗的势力》(1886)、《教育的果实》(1891),中篇小说《伊凡·伊里奇之死》(1886)、《魔鬼》(1889)、《克莱采奏鸣曲》(1891)、《哈泽·穆拉特》(1886—1904),短篇小说《舞会之后》(1903),特别是 1889—1899 年创作的长篇小说《复活》是其长期思想、艺术探索的总结。

托尔斯泰晚年力求过简朴的平民生活,1910 年 10 月他从家中出走,11 月 7 日病逝于一个小站,享年 82 岁。

托尔斯泰在小说中对人性进行了大量的思考,从中可以看到托尔斯泰精神世界最真实的一面。托尔斯泰对人性的思考主要是由俄罗斯当时的历史和现实激发的:一方面,传统的俄罗斯是宗法社会,东正教规定了人们思想感情的表达方式,托尔斯泰也深受东正教的影响,不管他的态度是接受还是有所保留;另一方面,欧洲的启蒙精神亦深深影响着俄罗斯,这在很大程度上动摇了俄罗斯传统信仰的根基,启蒙精神对托尔斯泰的影响亦是显著的,这使得他对东正教基本的教义体系产生怀疑,不会像一般教徒一样思考信仰问题。但是,托尔斯泰也并没有完全走向欧洲个人主义的立场,所以,他对人性的思考常常游离于二者之间,有时像一个教徒,有时像一个人本主义者。

托尔斯泰的作品中有着乌托邦思想,主要表现为反抗暴力与奴役,反对土地私有制度,反对崇尚资本主义物质文明和"进化论",要求承担合法的生活义务和奉行合理的生命法则,返回健康的农耕生活,通过人的劳动和道德实践建立起充满兄弟情谊、平等、和谐、友爱的属于全人类的人间"天国"。

托尔斯泰创造了史诗体小说。史诗体小说中历史的事实融合着艺术的虚构,奔放的笔触糅和着细腻的描写;在巨幅的群像中显现出个人的面貌,在史诗的庄严肃穆中穿插有抒情的独白,变化万千、蔚为奇观。托尔斯泰善于驾驭多线索的结构,将千头万绪衔接得天衣无缝;又能突破小说的"封闭"形式,像生活那样波澜壮阔。

　　托尔斯泰的艺术魅力,不只在于再现宏观世界,还在于刻画微观世界,主要表现在把握心灵的辩证发展,细致地描写心理在外界影响下的嬗变过程,并且深入人的下意识,把它表现在同意识相互和谐的联系之中。托尔斯泰的艺术力量是真实的,它突出表现在性格塑造上。托尔斯泰如实地描写人物内心的多面性、丰富性和复杂性,不只写其突出的一面或占优势的一种精神状态。他不隐讳心爱人物的缺点,也不遮掩所揭露的人物心中闪现的微光。他不粉饰,不夸张,不理想化或漫画化,总是借助真实客观的描写,展示人物本来面目,从而于平凡中见伟大,或者相反,于平凡的现象中显示人物之可怕。他描绘性格的发展和变化,自然浑成而不露斤斧痕迹。

　　托尔斯泰风格的主要特点是朴素,力求最充分最确切地反映生活的真实面貌或表达自己的思想,因此,虽然在艺术上要求严格,却不单纯以技巧取胜,不追求形式上的精致,也不回避冗长的复合句,而只寻求最大的表现力。

　　托尔斯泰晚年创作的时候,在心理分析上力求简洁,不写感受的整个过程,只写心理过程各个阶段的主要环节,有时采取戏剧的方法,通过行动和对白来表现。他不写性格按顺序发展的过程,而写突然事故引起的决定性转变。在结构上,他为了表现人物的醒悟,常常采用倒叙的方法。长篇小说的创作也不再使用多条线索,而用单线索逐渐展开的方式。在语言上,他则力求质朴简练和浅显易懂,接近民间故事。

1.5.2　马克西姆·高尔基

　　马克西姆·高尔基(Maxim Gorky,1868 年 3 月—1936 年 6 月),原名阿列克赛·马克西莫维奇·彼什科夫,苏联伟大的无产阶级作家、诗人、评论家、政论家、学者。他的主要作品有

《海燕》《童年》《在人间》《我的大学》等。

高尔基早期创作的现实主义作品多取材于他的底层生活的见闻和感受,其中最有代表性的是流浪汉题材的小说《切尔卡什》,描写了老流浪汉切尔卡什勇敢、独立、不屈从于金钱和保持人的尊严的高贵品质,尽管这些人的精神包袱还很沉重,但比起自私、庸俗的小私有者却高尚得多。在艺术上,《切尔卡什》充分显示了高尔基早期现实主义作品刻画复杂性格的卓越技巧。这些作品除强烈地控诉了资本主义社会的罪恶外,还力图揭示流浪汉内心深处的痛苦和新旧意识的斗争,捕捉劳动人民生活的时代特征,其目的仍然是要唤起人们对生活的积极态度。

高尔基的文学创作起步于浪漫主义。高尔基一生都在探索个人和历史的关系,寻找合理的社会生活,其作品中的主人公也往往充满激烈的内心冲突,并积极投身革命活动,探求改造现实的途径。高尔基曾不止一次地遭到沙皇政府的逮捕、监视和放逐,但他始终如一地进行自己的革命和文学活动。

高尔基的创作中处处洋溢着对积极人生态度的赞美,希望唤醒人民群众创造新生活的激情,唤起人对自己作为人的自豪感,鄙视怜悯与恩赐。在高尔基看来,人有权利,也有力量创造与自己相称的生活,怜悯与恩赐是在贬低人,有辱人的尊严。高尔基深信,人民的愚昧落后是历史造成的,并非天生的,人民一旦摆脱黑暗的过去套在自己身上的精神镣铐,就能站起来为自己的权利而战,成为历史的主人和创造者,成为大写的人。高尔基从事创作始终都抱着一个鲜明的文化目的,即通过文学艺术促进人的自我意识的觉醒,提高人的自信心和道德文化水平,推动俄罗斯民族摆脱历史的和精神的重负,走向现代。为达到这一基本文化目的,高尔基认为,文学作品不能只限于发掘生活琐事,而应当"讲到激动不安的精神和精神复兴的可能性",要有"对创造生活的号召",要善于"以思想和言词之美来丰富生活",要美化人、美化生活。这一文化目的使得高尔基在直面惨淡的人生、直书全部的真实的同时总想通过美化、虚构来显示人生的亮色,使人们不至于因现实的可怕而沉沦或绝望。因此他才强调,作为艺术家,既要从现实出发,敢于揭露生活中的黑暗现实,又要"善于站在现实之上",把肯定性的现象加以"浪漫主义化"。

高尔基有互相冲突的两种人格:一是对现实社会造成人异化的现实的悲剧性体验和失望的痛苦;二是对人、对社会的热爱及对未来的理想主义的认识。第一次资产阶级民主革命前的高尔基对俄国伟大的无产阶级革命事业——社会主义是充满了热爱和信念的,他是怀着极大的热忱去迎接美好的未来的。高尔基在这一期间的创作描写了革命前劳苦大众的悲惨生活,表达了他急切地想要改变现实的渴望和对未来新生活主人的召唤。

在欧美各国,不时掀起"高尔基热"。尤其是高尔基的剧本不断被搬上各国舞台,或拍成电视、电影。20世纪六七十年代,《在底层》《仇敌》等在美国上演、播出,《仇敌》被剧评家认为"是已经播出的节目中最好的剧目"。在联邦德国,上演过高尔基的《瓦萨·日列兹诺娃》,《南德意志报》评论说,这出戏"以其揭露企业主世界的特殊力量震撼了西德的现实"。《避暑客》演出时,被评论家誉为文艺复兴以来的盛事。法国、英国和西班牙等地也都上演过高尔基的剧本。

高尔基的创作对美国进步作家的影响不可忽视。尤其是他的创作中的"个人的社会活力"(指个人变革自我、变革社会和变革自然的创造力)主题与"死物奴役活人"的主题,以及处理这类主题的艺术风格,更引起了他们的浓厚兴趣。在刘易斯的《巴比特》对"刻板的市侩"的描绘中,可以看到其与高尔基的《苦闷的王国》有惊人的相似之处。在杰克·伦敦和德莱赛的创作中,也可以看到高尔基对他们诸多方面的影响。

高尔基的作品从 20 世纪初开始陆续被介绍到中国,许多小说、剧本和论著不仅有中译本,而且还被选编成单卷、多卷的《高尔基文集》出版。他的文学创作和文学理论观点,对中国五四运动以后新文学的发展有重要影响。他那些充满革命激情和革命乐观主义的作品,为中国广大读者所喜爱,教育和鼓舞着我国人民为消灭剥削制度和建设新社会而斗争。

1.5.3　安东·巴甫洛维奇·契诃夫

安东·巴甫洛维奇·契诃夫,俄国世界级短篇小说巨匠,是俄国 19 世纪末期最后一位批判现实主义艺术大师,与法国作家莫泊桑和美国作家欧·亨利并称为"世界三大短篇小说家",他是一位有强烈幽默感的作家。契诃夫的小说结构紧凑、语言精练、言简意赅,给读者以独立思考的余地。1880 年至 1884 年,契诃夫发表了 300 多篇文章,其中包括《变色龙》《外科手术》等。其剧作对 19 世纪的戏剧发展产生了很大的影响。他坚持现实主义传统,其作品的两大特征是对丑恶现象的嘲笑和对贫苦人民的深切的同情,并且作品中无情地揭露了沙皇统治下的不合理的社会制度和社会的丑恶现象。契诃夫被认为是 19 世纪末俄国现实主义文学的杰出代表。

1.5.3.1　小说创作

契诃夫创造了一种内容丰富深刻、形式短小精炼的独特的短篇小说体裁。在这种短篇小说中,作家往往以普通人们的日常生活为题材,凭借巧妙的艺术手法对人物的生活和心理进行

真实又细致的描绘和概括,从中展示出重要的社会内容。这种
小说有强烈的抒情意味,抒发作者对现实生活里丑恶一面的厌
恶及对美好未来的憧憬,作家把他对自己笔下的生活和人物的
褒贬及内心的痛苦或愉悦之情自然而然地融入作品的形象体
系中,让读者自己从不同的人物形象中认知和体会作品的
含义。

1)契诃夫小说创作的第一阶段

契诃夫小说创作的第一个阶段是在 19 世纪 80 年代,年轻
的契诃夫因为生存和生活的压力,不得不跟随潮流,以"安东
沙·契洪特""没有病人的医生"等笔名,写了大量无伤大雅的
幽默风趣的故事和小品。在契诃夫的某些作品里,尤其是在他
描写金钱和权势如何践踏人格,饱受欺凌的人又不知自重的作
品里,年轻的契诃夫虽然也在笑,但他的笑声中饱含了心酸的
泪水、惆怅的音调和斥责的感情。在地主资产阶级当权的俄
国,人的尊严和人格同样受到了金钱和权势的蹂躏,这使出身
卑微、靠劳动谋生的契诃夫身上有一种自觉的民主主义作风。
他尊重人的品格,并在自己的优秀幽默作品中一边鞭笞辱没人
格的老爷,一边讽刺一些被欺辱者的奴隶心理,从而维护了人
的自尊。契诃夫的态度中指责多于同情,他斥责"小人物"不知
尊严为何,在权势面前卑躬屈节。19 世纪 60 年代的思想对契
诃夫还是有影响的。他的观念里,一个人要有自尊,人不是渺
小的,正是这种朴素的民主主义思想使契诃夫优秀而又幽默的
短篇小说具有深刻的思想内容,与当时流行的诙谐小品截然
不同。

除了幽默短篇之外,契诃夫也写过一些比较严肃的作品。
短篇小说《贼》和《秋天》,这两部作品的主题思想相似,表达的
都是生活是不公平的,世界是坏人和骗子的天堂。而短篇小说

《嫁妆》和《小人物》,这两部作品则通过普通常见的情节来反映不合理的生活现象。在《小人物》中,小官吏涅维拉济莫夫请求上司将薪酬提高两个卢布,但十年都未能达到自己的目的,即使他为此还经常放弃休息、替别人值班。他只是想让自己的生活变得好一些,却无望,因为他既不会偷盗,也不会告状。他的怨气只能发泄到一只无辜的蟑螂身上,他的轻松竟然是因为一只被他摔死的蟑螂,这令人深思。在该部作品中已经可以清楚地看到未来的契诃夫,他的作品来源于生活,不追求情节曲折,而注意细节及人物的内心活动。

2)契诃夫小说创作的第二阶段

从1886年到1892年发表《第六病室》,这是小说家契诃夫创作的第二阶段。在这期间,契诃夫持之以恒地进行探索,只为寻求一个"中心思想",希望可以把一切贯穿起来。在创作上,他不停地改善短篇小说的艺术形式,以发掘该体裁所反映生活艺术潜在的魅力。同时,他也开始从事中篇小说和剧本的创作。

《草原》是契诃夫写的第一篇大型作品。在这部作品中,他歌颂大自然的美好,描绘草原上的生活状态,思索人的命运,表达人们对美好生活的向往,充满了浓浓的抒情韵味。在契诃夫这一阶段的创作中,最重要的是他反映当时社会思潮的作品。中篇小说《灯火》反映了当时另一种悲观主义的社会思想。他描写了厌世和悲观的人,也反映了他当时的忧虑和困惑。

3)契诃夫小说创作的第三阶段

1892年到1903年是小说家契诃夫创作的第三阶段,也是他的创作高峰期。他的作品日臻完善,内容和形式也完美统一,真实又深刻,朴素又动人。

这一时期,契诃夫将目光投向农村生活和工厂生活中的矛盾,如《农民》以清醒的现实主义反映了农村的赤贫和野蛮,《在峡谷里》则描写了农村资产阶级的贪婪和残酷。这些以农村为题材的小说客观上有力地驳斥了民粹派对农村公社的美化。《我的一生》则将矛头指向了工业资本主义。但是由于契诃夫并未投身革命运动,不了解工人阶级,他笔下的知识分子也还不知道运用革命手段变革社会,这也是契诃夫作品的局限性。

1.5.3.2　戏剧创作

戏剧创作也是契诃夫文学创作的重要组成部分,他曾创作过一些轻松喜剧。在《蠢货》《求婚》《结婚》《纪念日》等喜剧中,契诃夫的幽默嘲讽了人庸俗虚伪的一面,常常令人捧腹大笑。

1.5.4　亚历山大·谢尔盖耶维奇·普希金

亚历山大·谢尔盖耶维奇·普希金(1799 年 6 月—1837年 2 月),俄国著名的文学家,现代俄国文学的奠基人,19 世纪俄国浪漫主义文学主要代表,被誉为"俄国文学之父",被认为是俄国最伟大的诗人。他的作品是俄国民族意识高涨及贵族革命运动在文学上的反映。他的代表作有诗歌《自由颂》《致大海》《致恰达耶夫》《假如生活欺骗了你》等,诗体小说《叶甫盖尼·奥涅金》,小说《上尉的女儿》《黑桃皇后》等。

普希金生于莫斯科一个家道中落的贵族家庭,曾两度被流放,始终不肯屈服,最终在沙皇政府的策划下与人决斗而死。

普希金自幼在浓厚的文学氛围中长大。童年时代,他在法国家庭教师的管教下接受了贵族教育,8 岁时已经能用法语写诗。家中藏书丰富,他农奴出身的保姆经常给他讲述俄罗斯的民间故事和传说,使他从小就领略了丰富的俄罗斯语言,并对民间创作发生了浓厚的兴趣。

1811 年,普希金进入贵族子弟学校学习,年仅 12 岁就开始了文学创作生涯。1815 年,在中学考试中他朗诵了自己创作的《皇村怀古》,表现出了卓越的诗歌写作才能。在早期的诗作中,他效仿浪漫派诗人巴丘什科夫。在皇村中学学习期间,他还接受了法国启蒙思想的熏陶,并且结交了一些后来成为十二月党人的禁卫军军官,反对沙皇专制、追求自由的思想初步形成。

普希金毕业后,到彼得堡外交部供职。在此期间,他深深地被后来的十二月党人及其民主自由思想所感染,参与了和十二月党人秘密组织有联系的文学团体"绿灯社",创作了大量反对农奴制、讴歌自由的诗歌,如《自由颂》《致恰达耶夫》《乡村》等。

普希金的这些作品引起了沙皇政府的不安,1820 年,他被外派到俄国南部任职,这其实是一次变相的流放。

从这一时期起,普希金完全展示了自己独特的风格。1836年,普希金创办了文学杂志《现代人》。

1837 年,年仅 38 岁的普希金不幸离世,他的早逝令俄国文人感叹不已:"俄国诗歌的太阳沉落了。"

1.6　俄罗斯建筑

俄罗斯建筑风格多样、色彩韵律和谐,不同品位和不同风格的建筑给人带来了不一样的视觉享受。俄罗斯的土地横跨欧亚两个大洲,是东西方文化的交汇地和文化的交流地,俄罗斯的建筑风格保持着自己独特的魅力。

1.6.1　俄罗斯建筑风格

著名的克里姆林宫享有世界第八大奇景之称,该建筑由高大的城墙与以塔楼为单元组合成的建筑群体及 4 个颜色亮丽的教堂构成,将意大利文艺复兴时期的风格和东正教精神两者汇聚在一起,全方位地反映了俄罗斯建筑的气势。在俄罗斯,传统的欧洲古典风格建筑同样占有非常重要的地位,尤其是素有"北方威尼斯"之称的圣彼得堡是欧洲古典建筑中最具象征性的。

巴洛克风格、古典风格、洛可可风格、哥特式风格和文艺复兴风格均可驾轻就熟地在圣彼得堡寻到行踪,完整温柔的线条、魁岸雄伟的结构、金碧辉煌的装饰风格和宽阔的街区道路,让城市看起来异常高贵华丽。欣赏俄罗斯建筑,可以从中探索出传统建筑的木质结构的细节,如大倾斜面帐幕式顶部和分层堆叠结构及由其衍生而来的外墙风俗浮雕。独立塔型结构和堆砌部分的剖面装饰体现出其在时代背景下具有的历史意义,最值得称道的是俄罗斯建筑与生态环境的完美融合,绿树掩映下的建筑物尽展奢华,在周围花团锦簇中彰显高贵典雅。

1.6.2 拜占庭艺术风格建筑

1.6.2.1 原始建筑

最早的俄罗斯原始民族大多数居住在森林周围,就地取材建筑房屋,因对自然环境进行合理的利用和复原,该地的木材原料一直处于充沛的状态。俄罗斯传统建筑从古至今都以木材为主材,10世纪末接受基督教后,受拜占庭风格的影响,俄罗斯开始出现石造建筑,石造建筑庄重大方、端正高阔,符合公共空间对传统俄罗斯的空间语言表达。由于木材在俄罗斯属于常态材质,传统的木造结构建筑与石造建筑同步发展,这体现了俄罗斯建筑传统与现代并进的传承精神。

1.6.2.2 拜占庭建筑

对古俄罗斯建筑艺术的发展影响最大的是拜占庭艺术形式,拜占庭建筑风格主要的特点是巨大的半圆形圆顶,从远处看宛如一个洋葱头,塔的下部结构有所减少,但保持了最初的完美平衡,每一个建筑立面平均分为3个相等的部分,立面代表圣父、圣子和圣灵的基督教原则,这种建筑结构形式最主要的目的是将空间的任何元素都以神为依托,塑造稳重典雅的气氛,让信徒心生崇敬之意。建筑采用粗壮的原木堆积钉成,在"十"字或"米"字的轴线上组合填充,生成盘根错节的宏伟大气风格,建筑外的石墙一般采用传统的木雕工艺手法。装饰范围从宗教人物和故事到俄罗斯民间流传的传统花卉、鸟类和动物图腾,内容丰富有趣,而且古建筑师还对其进行了独特的释义。12—13世纪时,诺夫哥罗德弗拉基米尔及其他地区的地方建筑艺术学派的雏形已初步形成,该建筑风格的特点是结构鲜明、空间构造雄伟匀称、整齐平衡,且空间韵律协调,打造了空间另一种表达形式。

1.6.3　俄罗斯教堂建筑

　　教堂在俄罗斯建筑中是最有特色的,教堂的内部墙壁上装饰着豪华的壁画。古老的俄罗斯建筑师最优秀的作品有位于涅尔利河畔的波克罗夫大教堂,位于基辅的索菲亚大教堂,位于莫斯科的克里姆林宫建筑群体,位于莫斯科红场的瓦西里布拉仁教堂及其他建筑群体。曾是俄罗斯国教大教堂的圣母升天大教堂位于克里姆林宫中心,帝国的成员都是在该建筑中举行加冕礼等大型活动。众所周知,圣母大教堂被后人改名为瓦西里勃拉仁内大教堂。在俄罗斯古代战争中,传说俄军是借助 8 位圣人的帮助才获得全胜的,为了纪念这 8 位对俄罗斯有伟大历史价值的圣人,伊凡大帝就下令在此修建了这座蔚为大观的瓦西里布拉仁教堂。该教堂通过环形排列进行空间布局,以中心塔楼为圆心点,将 9 座八边形塔楼形成环形包围。这样的建筑群体布局形式区别于西欧教堂设计单纯的正面、侧面和背面的独立表现,瓦西里布拉仁教堂将建筑进行 180°构造展示,所有立面都体现了正面的建筑效果。东正教教堂的平面呈正"十"字形,而西方教会的教堂平面呈纵长横短的"十"字形,这与建筑正八边形的结构相呼应,同时也显现出与西欧教堂不同的风格,形成了现存至今的独立成型的建筑形式。

1.6.4　俄罗斯桥梁建筑

1.6.4.1　圣彼得堡的古老桥梁

　　俄罗斯圣彼得堡位于芬兰湾的最近入海处,地处大涅瓦河和小涅瓦河汇聚的三角洲地带。因芬兰湾水浅,倒灌进入圣彼得堡的海水在这里形成了一片沼泽,共有 42 个小岛、93 条支流。18 世纪初,随着圣彼得堡的建设,开凿的人工运河在市内纵横交错,经历代建设,建成了 580 座各具特色的桥梁。这里的建筑和桥梁反映了俄罗斯的建筑艺术思想,同时成就了这里"北方威尼斯"的美誉。当人们走过一座座精美的桥梁,漫步在俄式古老的街道上,仿佛置身于一幅幅俄式油画之中。

1)亚历山大涅夫斯基大桥

为解决小奥赫塔河区域的交通不便问题,2000—2001 年,圣彼得堡重新建造了亚历山大涅夫斯基大桥。该桥初建于 1959 年,建成于 1965 年,桥长 629 米,桥宽 35 米。亚历山大涅夫斯基大桥完美地和圣彼得堡这座城市融为一体,成为其不可或缺的一部分。这座桥梁既是圣彼得堡一道亮丽的风景线,也是小奥赫塔河区域的重要交通枢纽,经过精心设计,其美观和实用性能大大提升。

2)科罗维奇古桥

迈赫迈德·巴什·科罗维奇古桥始建于 1566 年,建成于 1571 年,由宫廷建筑师思南设计建造。古桥是土耳其帝国纪念性建筑和土木工程的巅峰之作。科罗维奇古桥共有 11 个石拱,每个石拱跨度 11—15 米,右侧的入口斜坡有 4 个拱门。这座桥比例结构优美,彰显了此类建筑风格的独特魅力。这座桥不仅仅是连接当时河两岸人们的重要交通设施,更是连接两岸不同文明的桥梁。在当年奥斯曼帝国统治下的地区,人们都皈依了伊斯兰教,而其他居民或从周边地区迁徙来的人们则信奉天主教、基督教及东正教,而这座古桥正是解决不同宗教间分歧和不同文化间冲突的"桥梁"。

3)冬宫桥

冬宫桥是圣彼得堡于 1917 年开始建造的结构最复杂的桥梁。由于 20 世纪初正处于战争期间,大桥的建设非常缓慢。大桥的设计风格体现了城市中心老式建筑群的特点,保持了城市的文化特色。最近的一次重修是在 1997 年,重新设计了路灯和引桥部分,一年后,拆除了有轨铁道。这座桥梁至今运行良好。

4)近卫军大桥

近卫军大桥始建于 1904 年,建成于 1905 年,桥长 218 米,桥宽 27 米,连接维堡和彼得格勒。历史中该桥梁经过 5 次装修。1971 年,俄罗斯的工程师和建筑师重新设计建造了现代化的桥梁外观。这座外形优美的桥梁,上部结构为钢桁架拱桥。

5)沃洛达尔斯基大桥

圣彼得堡的沃洛达尔斯基大桥始建于 1932 年,建成于 1936 年,桥长 325.24 米,桥宽 43.6 米。沃洛达尔斯基大桥位于伊万诺沃和人民大街之间,以著名的革命领导人米哈·沃洛达尔斯基的名字命名。大桥采用两跨钢系杆拱桥的结构,运行近 90 年,桥梁的总体状况良好。同时,在两个桥墩之间仍具有开启的功能,即上部结构能以竖旋、平旋、提升等方式开合。

6)圣三一大桥

圣彼得堡的圣三一大桥是一座具有开启功能的钢桁架拱桥,全长 578.3 米,桥宽 23.6 米。圣三一大桥由法国工程师、建筑师设计建造,以 1932 年被毁坏的圣三一大教堂命名。20 世纪初,大桥一度被叫作苏沃洛夫大桥,这个名字一直沿用到 1991 年。

7)始图奇科夫大桥

始图奇科夫大桥建于 1882 年,桥长 312 米,桥宽 31 米。始图奇科夫大桥横跨大涅瓦河右岸和阿布杰卡尔斯基岛,连接了圣彼得堡维堡区和彼得格勒区,以当时同名的一条大街命名。2002 年,当地政府用 360 个照明灯装饰了大桥,并且增加了射灯。

8)报喜大桥

报喜大桥始建于 1843 年,建成于 1850 年,桥长 331 米,桥宽 37 米,曾被叫作施密特中尉桥,是圣彼得堡最早的桥梁,经历过很多次维修重建。最大一次维修工程是在 1930 年,拓宽了桥面,开桥的支撑点也移向桥中心。该桥最早被命名为涅瓦桥,然后又被叫作报喜桥(这个名字来源于坐落在左岸的报喜广场)。1855 年又被叫作尼古拉大桥。1917 年十月革命后到 2007 年又被更名为施密特中尉桥。

1.6.4.2 俄罗斯的现代桥梁

1)俄罗斯岛大桥

俄罗斯岛大桥是一座跨越东博斯普鲁斯海峡的大桥,是俄罗斯政府花费数十亿美元,为服务于 2012 年在符拉迪沃斯托克市举行的亚洲太平洋经济合作组织首脑会议而兴建的。大桥位于俄罗斯符拉迪沃斯托克市,连接了该城市的大陆部分(纳季莫夫半岛)与本次会议举办地俄罗斯岛,于 2012 年 7 月完工。大桥全长 3150 米,桥所处海峡最窄宽度为 1460 米,航道水深 50 米,通航净空 70 米,通航船舶排水量可达 60 000 吨。这座大桥于 2008 年开工,历时 4 年建成,是当时俄罗斯在远东符拉迪沃斯托克市建成的世界跨径最大的斜拉桥,称为"远东第一桥"。这座大桥是滨海边区运输系统的重要链条。该桥主跨长度 1104 米,牵索长 580 米。桥面距水平面高 70 米。桥墩地面以上高 324 米。俄罗斯岛大桥于 2012 年 7 月 2 日通车投入使用,成为全世界第三座跨度超过千米的斜拉桥,是当时全球主跨最长的斜拉桥。

2)圣彼得堡斜拉桥

在圣彼得堡有一座新颖的斜拉桥,这座桥梁的最大特点是在两个桥塔之间以伞状式布设的斜拉索在空中以飘逸洒脱的姿态展现在世人面前。这种形式一是较好地解决了斜拉索的受力分布问题；二是其飘逸的造型令人耳目一新。

3）圣彼得堡钢桁架拱桥

在圣彼得堡有一座引人瞩目的、6 孔钢桁架拱结构的桥梁，其两侧都是 17 世纪修建的建筑。该桥的桥梁结构和孔径布置合理，主孔为 6 孔的钢桁架拱结构，副孔为石拱桥，其钢桁架拱结构设计合理、工艺精湛，同时其桥墩设计考虑了往来船只的碰撞，在桥梁安全性和耐久性上均具有超前意识。

1.7 饮食文化

俄罗斯地域辽阔,每个地区都有着自己的生活习惯、饮食传统和地方方言。

1.7.1 黑面包

黑面包是俄罗斯人最珍贵、最古老的食物,是餐桌上的主食,颜色乍看起来像中国的高粱面窝头,被切成一片一片,口感有点儿酸,又有点儿咸,中国人一般开始都吃不惯,不了解情况的人甚至以为这是粗劣食品。其实,黑面包既耐饿又富有营养,还易于消化,对肠胃极有益,尤其适于配鱼、禽兽肉等荤菜。这是因为黑面包发酵用的酒母含有多种维生素和生物酶。烤黑面包是挺费事的,光和面和发酵就得近两天时间。将做好的面包坯,放入温度均匀的俄式烤炉里用文火焖烤,出炉时面包底部硬得能敲得梆梆响,外观色泽黑光油亮,切开后香软可口而又不掉渣,这才是黑面包的上品。由于工艺复杂,所以俄罗斯主妇都不在家里自己制作,而是每天定时上街到面包房采购新鲜的黑面包,供全家食用。

1.7.2 鱼子酱

在俄罗斯,鱼子酱有"黑黄金"之称,其中产自白鲟的鱼子酱在莫斯科市场售价超过每千克 830 美元,而在英国伦敦,每千克能卖到 5000 多美元。鱼子酱是俄罗斯的顶级美食,呈圆润饱满的颗粒状,入口破裂时味道腥咸。其可分为红鱼子酱和黑鱼子酱两种,黑色的产自鲟鱼,红色的产自鲑鱼。为了避免高温烹调影响品质,鱼子酱一般生吃。值得注意的是,鱼子酱切忌与气味浓重的辅料搭配食用。上佳的鱼子酱颗粒饱满圆滑,色泽透明清亮。鱼子酱的吃法非常简单,由于它的滋味只能以"鲜"来形容,所以一切增加口感的配料都不适宜与其并食。最简单的方法:直接入口。若要倒在盘子里面吃,盘子要先冰镇一下;若要直接就着瓶罐吃,就要把瓶罐放在碎冰里面,可搭配涂上无盐牛油的薄片吐司、俄式薄煎饼,或一两滴柠檬汁等。

鱼子酱最负盛名的产区是位于里海南北两岸的俄罗斯和伊朗。里海是世界上最大的内陆水域,也是鲟鱼的故乡,这里的海域盛产可作为鲟鱼主食的特殊藻类。渔民在春秋两季捞捕雌鱼,取卵制作鱼子酱。俄罗斯渔猎鲟鱼的历史最早,在 12 世纪时鱼子酱就已远近驰名。

1.7.3　罗宋汤

罗宋汤是在俄国和波兰等东欧国家处处可见的一种羹汤,发源于乌克兰,在美国和其他西方国家也很常见。其主要材料是甜菜。此外,通常还加有圆白菜和土豆等其他蔬菜。罗宋汤得名于上海文人对俄罗斯的音译"罗宋"。

从俄国和波兰等东欧国家移民出来的犹太人是罗宋汤在世界各地的主要传播者,纽约市北郊一带犹太人居住相对集中的一个区域曾被人们称为"罗宋汤带"或"罗宋汤圈"。

1.7.4　格瓦斯

格瓦斯是一种盛行于俄罗斯、乌克兰和其他东欧国家的,含低度酒精的饮料,用面包干发酵酿制而成,颜色近似啤酒而略呈金色,很受大众欢迎。它常以水果或香草调味,俄语中有句谚语说:"格瓦斯好,因为它香味呛鼻。"在俄罗斯煮制格瓦斯非常普及,跟烤制面包一样。大多数格瓦斯用黑麦、小麦和大麦的芽酿造。为了使它们发酵生芽,需要把麦粒浸泡、发芽、烘干、捣碎。用粮食酿造的格瓦斯口感和香味各有不同,含有丰富的蛋白质、氨基酸、维生素、乳酸菌、钙等营养成分,可以抑制有害菌在肠内的繁殖,减少毒素,促进肠蠕动,从而提高肠道机能,改善排便状况,同时还具有开胃、健脾、降血压、消除疲劳等作用。

1.7.5 伏特加

伏特加酒是俄罗斯民族性格的写照,俄罗斯人喝伏特加很豪放,哪怕是满满一大杯也一口闷。伏特加在冰镇后口味更佳,就着咸鲱鱼或黑鱼子酱喝当然更好,而贪杯者无须任何下酒菜。俄罗斯的伏特加是1428年由意大利的热那亚传入的,但当时执政的莫斯科大公瓦西里三世禁止饮用俄罗斯伏特加以保护本国的传统名酒——蜜酒生产者的利益。伊凡雷帝首次在莫斯科开设"皇家酒苑",但不久之后,他下令除自己的禁卫军外谁都不准饮用俄罗斯伏特加。直到乌克兰并入俄罗斯后,俄罗斯伏特加才在民间传开。彼得大帝还把俄罗斯伏特加视为国库主要的财源。伏特加的做法是先将酒精经过活性炭处理,除去不纯正气味,然后加上水,当酒精含量达到36%—60%时便算制成了。市场上出售的俄罗斯伏特加多为42度。用粮食配制的俄罗斯伏特加口感清冽、余味悠长。"首都"牌俄罗斯伏特加为此类酒中之上品。在俄罗斯有"伏特加文化":就餐的时候,"命令"没有下达之前,大家只喝果汁或矿泉水。敬酒以后,必须先碰杯,而唯一不碰杯的情况是在纪念逝者的时候,一旦碰杯,不喝完酒就不允许把酒杯放下,因为那样做不吉利。席间,不应有拘谨的表现,也不能只顾着吃,应同周围的人边谈边吃。如果已经吃饱了,而主人还在不断地添菜时,可以将右手平放在颈部,表示已不能再吃了。与俄罗斯人喝酒谈话,要坦诚相见,不能在背后谈论别人,更不能说他们小气之类的言语。伏特加几乎是俄罗斯的代名词,俄罗斯人还喜欢喝啤酒和格瓦斯,每位主妇都有自己的做法。香槟酒是俄罗斯各种喜庆宴席中不可或缺的开锣戏,之后由俄罗斯伏特加担纲。列·戈利岑是俄罗斯的香槟酒之父。俄罗斯人喝酒时善讲祝酒词,祝愿相识、祝愿健康、祝愿孩子、祝愿和平、祝愿友谊等,一套接一套的。世界上最长、辞藻最华丽的祝酒词就诞生在俄罗斯的高加索地区。酒至酣处,俄罗斯人便会载歌载舞。第一杯通常要喝光,然后各人随意,按规矩不劝酒。第三杯酒常为在座的女士而干杯,男士要起身,喝完;女士则不用起身,且不一定要喝完。如在别人家做客,最后一杯要敬主妇,以感谢她的烹饪技术和付出的辛劳。俄罗斯人不讲究下酒菜,喝酒也无节制,常常是有多少喝多少,一醉方休。

1.7.6　茶

茶是俄罗斯饮食文化中不可或缺的一部分。茶在中国历史上不分贵贱;但在 17—18 世纪的俄罗斯,茶是奢侈饮品,只有上层社会的贵族、有钱人才能够享用,喝茶一度成了财富与身份的象征。直到 18 世纪末,这种情况才有所改变。俄罗斯出产茶叶的地方很少,只有南部的索契产茶,因此,茶叶主要依靠进口。在当时,中国的茉莉花茶和印度的红茶深受俄罗斯人喜爱。俄国人喝茶与中国人喝茶大不相同,中国人喝茶喜欢慢饮,不喜欢佐加各种食物;俄国人喝茶往往伴以大盘小碟的蛋糕、烤饼、馅饼、甜面包、饼干、糖块、果酱、蜂蜜等茶点。从功能上看,中国人饮茶多为解渴、提神,抑或消遣、待客;俄国人喝茶则往往为三餐外的补充,或替代了三餐中的一餐。当然,喝茶之时谈天说地是必不可少的,俄罗斯人把饮茶当成一种交际方式,因为他们觉得饮茶是一种很好的沟通方式。

从饮茶习惯看,中国人喜欢喝绿茶,俄罗斯人喜爱喝红茶。红茶的直译为"黑茶"。之所以称之为"黑茶",一是因为红茶在没泡入水中时呈黑色;二是因为俄罗斯人喜喝酽茶,浓浓的红茶也往往略呈黑色。俄国人喜欢喝甜茶,喝红茶的时候就习惯于加糖、柠檬片,有时也加点牛奶。因此,在俄罗斯的茶文化中,糖和茶密不可分,人们用糖茶来代表主人对客人的热情款待。

说到俄罗斯的茶文化,就不能不提到有名的俄罗斯茶炊。在古代俄罗斯,从贵族到平民,茶炊是每个家庭必不可少的器具,常常也是人们外出旅行时携带之物品。俄罗斯人喜欢在喝茶时摆上茶炊,当亲人朋友欢聚一堂时或当熟人突然造访时,在清晨早餐时或在傍晚沐浴后,在炎夏农忙季节的田头抑或在大雪纷飞、人头攒动的驿站,在幸福快乐欲与人分享时或在失落悲伤需要慰藉时,摆上茶炊畅饮红茶总有无限的乐趣。不少俄国人家中有两个茶炊,一个平常使用,另一个在逢年过节时用。一般人家不需要专门的茶室,但有些人家则专门辟出一间茶室,室中的主角自然就是茶炊。茶炊一般为铜制,为了保持铜制品的光泽,用完后主人会给茶炊罩上专门用丝绒布缝制的布套或蒙上罩布。

1.8　俄罗斯电商文化

俄罗斯第一大电子商务公司为服装、鞋子零售商——Wildberries。该公司已有 10 多年历史，有超过 10 万个品牌和 15 万以上的订单、200 万的用户、2000 万以上的库存商品。Wildberries 是一家以客户为导向的服务供应商，其全渠道目标是为客户提供出色的服务和广泛的交付及付款选择。电子商店可以快速免费送货到俄罗斯大部分地区，拥有超过 530 个展厅配送点，凭借大量折扣和优惠积累了忠诚客户，依托智能手机设计的友好页面服务客户。

Ulmart 是一个多功能交易互联网平台，提供 1200 万件商品，包括电子产品、儿童用品、汽车产品、DIY 设备及机票和数字内容。零售商的分销网络现在覆盖超过俄罗斯 240 个城市的 400 多个销售点（决策中心和前哨）。

Ulmart 推出了新模式，新模式与传统销售方式的不同之处是更加关注客户，这就要求采用不同以往且更高效综合的物流方式。买家在完成选择支付方式以后，自行选择物流方式进行商品配送，这种流程使得 Ulmart 的客户能够按时接到订单。同时，物流基础设施成为公司可持续发展和增长的基础。

1.8.1　社会化电子商务

电子商务的另一个趋势是社会化商务（Social Commerce）。俄罗斯的社交媒体影响着电子商务行业，也影响着消费者的行为。如今,应用社交平台是支持和提升客户关系的有效手段。影响者(Influencer)越来越流行。网络红人是一类在社交网络上拥有大量追随者和自然订阅者的人群。网红可以是影视和音乐明星、知名博主或运动员,主要取决于不同的目标受众。网红能够影响他们的目标受众,并且隐蔽地推销某些商品和服务。网红会产生流量,吸引访客到登录页面。根据咨询和审计公司 PwC 的数据,50%的受访者认为社交网络是刺激他们购物的主要平台,超过 40%的公司在网上收获了来自社交媒体的巨大流量。

俄罗斯人在社交媒体上非常活跃,Vkontakte 是最受欢迎的社交平台(类似于 Youtube),有 62%的使用率,排在第二位的是 Odnoklasinki(42%),Facebook 排第三名(39%)。

Vkontakte(VK)不仅是俄罗斯的第一社交媒体平台,在苏联其他成员国也是如此。VK 每月有超过 97 万人使用,在世界上访问次数最多的网站中排名第 5。VK 上充斥着大量的商品和服务推销广告,但这并未引起俄罗斯消费者不满。许多用户关注自己喜欢的品牌,了解最新的产品信息和社交网络上的特殊优惠。VK 为电子商务提供了大量的机会,该平台支持 80 种语言,包括英语和亚洲不同国家的语言等,为外国卖家提供了绝佳的商务机会。VK 上有各种类型的广告,最常见的是社区广告、页面广告、新闻信息流广告、故事和视频直播(Live)。在VK 上打广告的第一步是创建自己的社区,然后通过各种方式吸引目标观众,如图像、视频、音频、下载文件等。

在俄罗斯开展电子商务,拥有实体店是刺激销售增长的重要因素之一。尤为引人注意的例子是,外国公司(或俄罗斯与外国股东共同管理的公司)OttoGroup、Ozon、Lamoda、KupiVIP 等都在当地拥有专业的工作团队,并且因考虑到俄罗斯市场的特殊性,能够保持一个较强的优势位置。同时,更多的零售商店(H&M,Furla,Vans,L&apos,oreal)也开始关注线上销售。

1.8.2 互联网背景下的全渠道零售

全渠道零售是一种多渠道销售方式,无论客户是通过移动设备、笔记本电脑、电话或实体店购物,商家都旨在为客户提供无缝购买体验。全渠道客户体验与多渠道客户体验的区别在于,全渠道客户体验的特点是真正实现了渠道整合后端。

尽管俄罗斯在电子商务发展方面落后于西方,但一些积极有利的趋势已经显现。许多零售商已经积极使用聊天机器人、呼叫中心、短信和电子邮件群发等方式。当然,将这些渠道合并成一个连贯的系统是确保与客户有效互动的重要方式。因此,最大的服装店Lamoda,创建了自己的网上商店,可以调整订单的移动应用程序,建立了一个离线修改订单系统,可以交付订单,在修改后也可以放弃整个订单。

跨设备跟踪技术能够更好地帮助商家研究用户行为,了解用户的"购买方式",并在不同的设备上制定以客户为导向的营销策略。因此,每个买家都能接受个人爱好推荐,并能根据过去的购买历史和偏好、地理定位和市场趋势,接收相关广告。2020年,80%的公司引进聊天机器人和其他自动化系统,以了解用户的意图,并为消费者提供积极的体验。

1.8.3 移动电子商务

当下,人们生活忙碌,购物的时间对多数人来说是奢侈品。消费者发现在网上购物比传统购物更方便,尤其是蓬勃发展的移动终端购物和跨境网购。2020年12月,俄罗斯互联网用户超过 9500 万人,占俄罗斯总人口的 78.8％。16—55 岁的俄罗斯人每年至少会在网上买两次东西。77％的网购者每月至少会买一次商品,23％的网购者每周至少会买一次商品。

据统计,2020 年俄罗斯电商市场规模约为 4.8 万亿卢布;快递行业的营业额约增长 47％,达 2580 亿卢布;在线商店和市场的订单数量增长了 78％,达 8.3 亿;线上食品零售市场也从 430 亿卢布增长到 1450 亿卢布。

在新冠肺炎疫情暴发之前,59％的快消品零售商开启了自己的线上商店,21％的零售商与电商平台合作。2020 年 9 月,76％的零售商开始转战线上零售,48％的零售商通过电商平台和快递服务销售产品。受新冠肺炎疫情影响,数以百万计的消费者增加了网上购物,许多细分市场取得爆炸性增长,加速了原有的扩张。增长率最惊人的是生活用品,销售量达到 130 亿卢布(1.8 亿美元)。

第2章

白俄罗斯

白俄罗斯全名白俄罗斯共和国，有 980 多万人口。其位于东欧平原西部，东部与俄罗斯相连，南接乌克兰，西邻波兰，西北部及北部分别与立陶宛和拉脱维亚接壤，是地处欧洲中心的内陆国家。白俄罗斯所处的地理位置十分重要，它是俄罗斯通往东欧和西欧的战略要冲，是欧亚大陆桥必经的交通枢纽。

　　白俄罗斯是个多民族国家，境内有 100 多个民族，其中主体民族为白俄罗斯族，人口占总人数的 81.2%。俄罗斯族是第一大少数民族，占总人数的 11.4%。波兰族是第二大少数民族，占 3.9%。俄语是白俄罗斯的官方语言之一，尽管俄罗斯族人口不多，但多数白俄罗斯族人会讲俄语。除俄语外，白俄罗斯最为普及的少数民族语言是波兰语，乌克兰语和立陶宛语只在国内局部地区普及，其他人数较少的少数民族语言主要有阿塞拜疆语、亚美尼亚语、格鲁吉亚语、哈萨克语、拉脱维亚语、摩尔达维亚语、摩尔多瓦语、德语、乌兹别克语等。主要的少数民族通常都有自己的语言和文字。

2.1　首都明斯克

明斯克是白俄罗斯首都,是白俄罗斯的政治、经济、科技和文化中心,是明斯克州首府。明斯克位于欧洲东部,第聂伯河上游支流斯维斯洛奇河畔,白俄罗斯丘陵明斯克高地南部。明斯克市面积约 349 平方千米,地形较为平坦,间有丘陵和高地,属温和的大陆性气候。

明斯克是苏联重要的工业中心之一,是现今白俄罗斯最大的工业中心,其工业产值占全国的四分之一。明斯克地区的地理环境适于发展畜牧业,是苏联牛奶、油类、亚麻和马铃薯的主要产区之一,明斯克人称马铃薯为"第二面包",产量很高。

2.1.1　白俄罗斯国立大学

白俄罗斯国立大学位于首都明斯克市,创建于 1921 年,现为白俄罗斯共和国最高学府及重要的科学研究中心。

白俄罗斯国立大学在培养本国学生的同时,也为来自世界各地的留学生提供了丰富的深造机会,有来自美国、中国、日本、德国、法国等国及东欧、东南亚、非洲等地的外国留学生 2000 多名,学校里有"外国留学生管理办公室"及"对外国际关系办公室",专门负责外国留学生的服务及管理。

2.1.2　胜利广场

胜利广场的胜利女神纪念碑高 141.8 米,象征卫国战争

1418 个战斗的日日夜夜。三棱形的碑身,每个棱面上用浮雕板表现了莫斯科等 12 个英雄城市周围的战斗情景,高约 100 米处有古希腊胜利女神雕像,其右手拿着金光灿灿的胜利桂冠。她身旁飞着两个胖胖的小天使,一男一女,吹着胜利的号角。纪念碑的下面,是神奇勇士格奥尔基手持长矛刺杀毒蛇的雕像。前面 5 层阶梯式台阶,每一层代表战争的一年。广场右侧是一组大型喷泉;左侧是常胜圣格奥尔基大教堂,金顶白墙。纪念碑的后面是一个扇形环抱的中央博物馆。大厅内有 6 幅大圆立体画,描绘了莫斯科保卫战、列宁格勒反围困战、斯大林格勒战役、攻克柏林战等场景。荣誉厅的墙上刻满了英雄的名字。纪念礼品中有中国人民解放军和张万年上将赠送的礼品。

2.1.3　博物馆

卫国战争历史国家博物馆位于明斯克市共和国宫左侧,是白俄罗斯最大、收藏品最多的一座卫国战争纪念馆。博物馆于 1944 年 10 月 22 日首次对外开放,主要展品来自 1942 年 10 月在莫斯科举办的"白俄罗斯的生活和战斗历程"展。这些展品集中反映了白俄罗斯军民在 1941—1945 年间抗击德国法西斯的悲壮历史。1966 年,博物馆正式迁入三层建筑内,共有 25 个展厅,总面积 3600 平方米,陈设着 13.25 万件包括各种照片、文物及艺术作品在内的展品。博物馆内院是专门的展示坪,陈列着苏军第二次世界大战时期的武器装备实物。

2.1.4　圣灵主教大教堂

圣灵主教大教堂是明斯克东正教重要的活动中心,始建于 1633 年,完工于 1642 年,属巴洛克建筑风格。教堂最初曾是天主教女修道院的主教堂。1860 年,该教堂转为东正教教堂。

1870 年，教堂开设圣灵修士修道院。1918 年，修道院被关闭，教堂的礼拜活动也被禁止，教堂变为消防队训练场地，随后被改为档案馆。1943 年，教堂开始恢复东正教礼拜活动，所属修道院也予以恢复。1947 年，教堂顶部安放东正教大十字架。20世纪 50 年代上半叶，对教堂内部进行过一次维修。20 世纪 70年代末到 20 世纪 80 年代初，对教堂进行了最后一次修葺并保持至今。教堂中供奉着一些宗教珍品，如明斯克圣母圣像等。

2.2　白俄罗斯文学

　　白俄罗斯文学起源于丰富的民间口头文学和基辅罗斯文学,开始于 13—14 世纪,即白俄罗斯形成时期。14 世纪白俄罗斯归属立陶宛大公国,白俄罗斯语言成为官方语言。17 世纪立陶宛大公国并入波兰,殖民化与天主教统治在白俄罗斯逐渐加强。

　　14—15 世纪,杰出的文化活动家弗兰齐斯科·斯科林纳(约 1490—1541)对白俄罗斯文学和文学语言的发展做出了重要贡献。他曾将《圣经》《赞美诗》等 20 余种著作译为白俄罗斯文出版。

　　16—17 世纪,辩论文学有很大发展。费利波维奇、卡尔波维奇、波洛茨基等都为反对天主教封建思想而斗争。但在天主教反动势力的压制下,白俄罗斯书面文学在 17 世纪末开始衰落,只有民间文学中还保存着反对民族压迫的精神。

　　18 世纪末,白俄罗斯与俄罗斯合并,但文学发展的条件并没有得到改善,只能以抄本流传,因而许多作品后来均失传。

　　19 世纪初,出现了重要长诗《塔拉斯在帕尔纳索斯山上》,作者不详。这首长诗表达了对被压迫农民的同情和对农奴制的憎恨,语言丰富、形象生动。著名农奴诗人巴甫柳克·巴赫里姆也生活于 19 世纪前半期,生卒年月已难考证。他的父亲曾因参加农民起义被判死刑。巴赫里姆则因写诗反对地主被罚当兵,四部诗集也遭没收,流传至今的仅有一首诗。

在卡林诺夫斯基领导的农民起义时期(1863—1864),有过不少用白俄罗斯语写的诗歌和诗体宣言(包括卡林诺夫斯基自己的作品)。而反动作家雷平斯基的作品则代表了波兰农奴主和民族主义者的利益,以牧歌情调描绘农民生活。

这个时期白俄罗斯自由主义贵族文学的代表人物是诗人、剧作家杜宁·马尔青凯维奇(1807—1884),他在农奴解放前写的作品中,用现实主义手法描写农民的劳动,但也美化农民与地主之间的关系和宗法制的农村生活。在 19 世纪 60 年代以后写的作品中,他尖锐地批评了沙皇官吏的贪污受贿和资产阶级的剥削本性。他的作品虽然有其局限性,但至今仍有艺术和认识上的价值。

19 世纪后半期,白俄罗斯最杰出的诗人是鲍古舍维奇(1840—1900)。他出身于小贵族家庭,上过彼得堡大学,因参加学生运动被开除。1863 年,他参加卡林诺夫斯基的起义队伍,在战斗中受伤,流亡乌克兰达 15 年之久。他最初的两部诗集《白俄罗斯牧笛》(1891)和《白俄罗斯弦音》(1894),都以假名发表。他熟悉农民生活,诗中充满了对当时社会的抗议精神,可以说是白俄罗斯现实主义文学的代表。

在 19 世纪 80—90 年代的民主主义诗人中,较著名的有扬卡·鲁钦纳（1851—1897）、阿达姆·古里诺维奇(1869—1894)、阿利盖尔德·阿布霍维奇(1840—1905)、费利克斯·托普契夫斯基(生卒年月不详)等。扬卡·鲁钦纳出身于没落贵族家庭,受过高等教育,曾在铁路上任职。他的诗触及了白俄罗斯农村的阶级矛盾。

1905—1907 年的俄国革命席卷了白俄罗斯的城市和乡村。白俄罗斯第一个革命女诗人乔特卡(1876—1916)就出现在这个时期。她出身于贫农家庭,经过艰苦努力,曾就读于彼得堡高等师范学校,积极参加革命运动。她早期的诗集《自由的洗礼》和《白俄罗斯的琴》(均写于 1906 年)充满反对专制的激情。小说《在血染的田地上宣誓》(1906)号召农民进行革命斗争。但她后期的诗作中有孤独忧伤的情绪。

这个时期革命文学创作的高峰体现在两位大诗人扬卡·库帕拉(1882—1942)和雅库布·柯拉斯(1882—1956)的诗歌上。另一位著名的白俄罗斯诗人马克西姆·鲍格丹诺维奇(1891—1917)出身于教师家庭,他的父亲同高尔基有长久的友谊。他写有小说《音乐家》(1907)和诗集《花环》(1913)等。他的创作活动处于文学中"为艺术而艺术"倾向盛行、颓废悲观情绪泛滥的时期,但他的诗受到民间诗歌影响,洋溢着革命和民族解放思想,对劳动人民怀有真挚的同情。

这个时期还有两位诗人:季什卡·加尔特奈伊(1887—1937),其作品以工人生活为题材;扬卡·茹尔巴(1881—1964),其作品主要表现农民生活。小说方面的代表作家是兹米特洛克·皮亚杜利亚(1886—1941),他的早期小说真实地表现了白俄罗斯农民的生活和心理。

白俄罗斯民族长期遭受立陶宛、波兰领主和俄国官吏的压迫和剥削,其语言和文学备受摧残,但白俄罗斯文学在极其困难的条件下顽强地发展着。随着十月革命的胜利,白俄罗斯于 1919 年摆脱德国占领而获得解放,建立白俄罗斯苏维埃社会主义共和国,给白俄罗斯社会主义的新文学开拓了新的天地。

诗歌在新的白俄罗斯文学中占有主要地位。恰洛特的长诗《赤脚站在火场上的人》(1921)是 20 世纪 20 年代反映十月革命和国内战争的第一部重要作品。老一代作家(如杨卡·库帕拉、雅库布·柯拉斯、兹米特洛克·皮亚杜利亚等)都陆续创作出新的诗歌和小说。

　　20 世纪 30—40 年代,特别是在白俄罗斯解放后,一批新的作家进入白俄罗斯文坛,如布罗夫卡、潘琴柯、唐克、彼斯特拉克、克拉皮瓦等。20 世纪 50 年代,长篇小说《深流》(沙米亚金著)、《明斯克方向》(梅列日著)、《难忘的日子》(雷恩科夫著)等都是白俄罗斯很有影响的作品。十月革命、国内战争、农业集体化,在 20 世纪 50 年代白俄罗斯的小说和诗歌中,仍然是主要的题材。年轻一代的作家是卫国战争的参加者,他们从不同的角度反映了这场战争。布雷里 (1917—)、阿达莫维奇 (1927—)、贝科夫 (1924—) 等人的作品,代表了白俄罗斯文学的新发展,在苏联获得了广泛的读者。

2.3 白俄罗斯油画艺术

18世纪末,白俄罗斯被并入俄罗斯版图中,因此19世纪的白俄罗斯艺术家便跟随俄罗斯艺术发展的脚步,在俄罗斯艺术的基础上开始了自身的创作。19世纪末20世纪初的白俄罗斯风景画更是继承了俄罗斯经典艺术关注现实、汲取自然的优良传统。作品有伊万·希施金(1832—1898)的《松树林》(1886)和《牛蒡叶(草图)》(19世纪80年代后期)、列宾的《神像前》(1879)、列维坦的《盛开的苹果树》(1896)等。

对现实世界的描绘和对自然形象的悉心品味,给白俄罗斯艺术家们带来深刻的影响。比兽利亚是19世纪后期俄罗斯抒情风景画的代表性画家,他的作品有《三月的黄昏》《冬日的一天》《早春》《森林的河》《蓝色的春天》。

作为列维坦的直接后继者且是其最得意的学生,茹科夫斯基在作品中体现出一种独特趣味。其作品《圣诞前夜(屋内的圣诞树)》的创作正值白俄罗斯建立苏维埃政权革命后又被德国军队侵占的历史时期,在此期间,城市工人的罢工与农民大众的起义极大地促进了白俄罗斯革命解放运动的开展。茹科夫斯基描绘了这一时期渐趋没落的庄园的家庭内景,主题虽为圣诞节,但幽暗的深灰色调反而使画面透露出压抑、低沉之感,其中装饰得琳琅繁杂的圣诞树和椅子相互倚靠,显出即将倾倒的态势,桌上的圣诞玩偶们孤寂地平躺着,怪诞的面具流露出诡异的笑容,而从右下角投射出的昏暗灯光照映着屋内的每个角落,还有斑驳的墙壁、厚重的地毯、模糊见影的窗户及挂在墙壁上庄园女主人的肖像,这一切仿佛都散发着茹科夫斯基对战争时势的焦虑与挫败感。茹科夫斯基运用暗示、对比、隐喻等表现手法来烘托极具幽暗、神秘的画面气氛,以构成丰富而有指向性的联想空间,使画面有深刻的省思意味。

20 世纪初,政治时局的动荡不安使白俄罗斯群众普遍对现实生活产生抵触情绪,苦闷、不满、质疑同样充斥着艺术家们的内心世界。与此同时,世界艺术多元化潮流的暗流也已触及苏联艺术区域,除了受到印象派艺术的深刻影响外,还出现了"艺术世界""红方块王子艺术社团"等表现反叛意识的现代艺术组织。尽管如此,依然有部分白俄罗斯艺术家坚持其民族特色传统,奉行写实主义的创作风格——当然,他们所呈现的这种写实主义在保持自身朴实性的同时,也将早期工业时代的厚重感贯穿其中。毫无疑问,这与其社会变革息息相关。

可见,在 20 世纪二三十年代,白俄罗斯的艺术家们并没有因为这些阻挠和牵绊而放缓追求艺术创作的脚步。

20 世纪五六十年代,白俄罗斯艺术家们则以相对真实地表现社会生活面貌的作品来获取人心。如白俄罗斯民族艺术画派的新时代艺术家古格尔(1915—1999)的《梦想家》(1957)、丹茨格(1930—2017)的《新城市的街道》(1960)、沃洛诺夫(1916—1978)的《灿烂的一天》(1958)等,无不体现出白俄罗斯民族艺术家们扎根民族生活的土壤,深入挖掘自身文化传统,通过社会主义现实主义之路讴歌生活的诗意与人性的美。白俄罗斯艺术家们在这条朴实无华的艺术道路上一脉相承,情感深沉而不乏热烈,平易近人又不失趣味,如画家丹茨格在作品《新城市的街道》中描绘战后白俄罗斯城市明斯克的重生面貌,表达了新时代人民群众对美好生活的向往。20 世纪六七十年代被称为白俄罗斯风景画家创作的全盛期,如茨维尔克(1913—1993)的《普里皮亚季河》(1963)、马斯列尼科夫(1914—1995)的《白俄罗斯的故土》(1973)等就是创作于此时期的重要作品。可见,这一时期白俄罗斯艺术家们对民族的热爱和对祖国美好河山的依恋是深切的。作为白俄罗斯风景画发展中重要的里程碑式人物,茨维尔克的作品充满着浓厚的现代主义气息,以《普里皮亚季河》为例,他在此作中采用俯视视角,用洒脱明亮的笔触概括性地表现画家所生活之处的美丽景致;同时,在暖黄色夕阳的笼罩下,前景的赭色小木屋和周边橘色系的树丛交相呼应,中景的蓝色河流在夕阳的投射下散发出迷人的暖紫色韵味,而远处的模糊景物则将整个俯视视角推向无限广阔的远方,呈现出一种耐人寻味、诱发联想的自然景象。

除此之外,以平面性与装饰性为特色,描绘民族文化传统的斯切列马申克的作品《士尔玛先生画像》也是这一时期的典型。在"解冻"时期,画家们普遍以描绘真实生活来批判此前某些对现实的歪曲表现,从而出现"真实地表现日常生活的艰难和崇高"的"严肃风格"美术创作形式。斯切列马申克在关注具体人物真实生活的同时更关注其处世态度,如对形象的细节描绘——其白色衬衫与装饰物、绣花面料图案中的音乐元素,体现出人物对音乐文化的感知及其于音乐领域的独特身份。

20世纪后半叶,继"严肃风格"后,苏联美术又陆续出现多种新的绘画风格,如"装饰风格""古典风格""照相式的写实主义风格",但均共存于"社会主义现实主义"这一主流创作背景中。年轻一代的白俄罗斯艺术家在继承民族优秀传统艺术精髓的同时,也不断追求多元化的艺术风格并尝试创新,逐渐在自己的作品中展现出与以往不同的精神世界。如20世纪60—80年代在苏联画坛名震一时、极富表现力的白俄罗斯籍艺术家莫伊谢延科(1916—1989),他用暗示、隐喻等手法形成独特的画风,与其早期苦涩、沉重的艺术语言不同,该画风更为自由、潇洒,他的创作对苏联写实绘画格局产生了有力的冲击,也形成了重要的补充。更为重要的是,从 20 世纪 50 年代末起,莫伊谢延科一直在列宁格勒列宾美术学院领导创作工作室。在近 30 年的教学中,弟子遍及全苏联各地,他那具有强烈现代意识的画风在中青年一代画家中有着不可忽视的影响。由此可见,当时白俄罗斯籍艺术家在苏联美术体系中的确承担着重要的角色并发挥了相当大的作用。

1991 年末苏联解体,白俄罗斯共和国宣布独立,其艺术历程进入崭新的发展阶段——由社会主义现实主义艺术审美转变为多元化的艺术理念和风格。

纵观白俄罗斯油画百年历史,其艺术在不同的艺术观念和审美趣味中不断发展演变,但唯独没有改变的是白俄罗斯艺术家们对"架上绘画"的坚守及对传统绘画表现价值的传承。从中我们发现他们对生活的热爱、对宗教的虔诚及自强不息的精神,这是他们的创作显露出独特、厚道又别有意味的灿烂光芒的关键。更重要的是,白俄罗斯艺术家们的关切点依然围绕着群众的生活,当他们的作品不再仅仅作为一种政治表达方式,而是对现实生活和人民群众进行真切的表述时,他们对家国人民的爱、对和平美好的憧憬与向往都将得到尽情释放。

2.4　米尔城堡建筑群

2000 年,根据文化遗产遴选依据标准(ii)(iv),米尔城堡建筑群被联合国教科文组织世界遗产委员会批准作为文化遗产列入《世界遗产名录》。

2.4.1　沧桑历史

米尔城堡位于白俄罗斯格罗德诺州米尔镇,是 16 世纪防御建筑的杰出典范。在拿破仑大帝统治时期,战乱频繁,米尔城堡曾被废弃,其建筑及周边环境均遭受非常严重的破坏,再加上时间的洗礼,那时候的米尔城堡可谓破败不堪。

到了 19 世纪末期,当时的掌权者对其进行了修缮与重建,并在修复完成后将它卖给了巨商尼古拉·斯维亚托波尔克·米尔斯基。随后不久,第二次世界大战爆发,德国对苏联的入侵迅速且猛烈,米尔城堡也未能幸免,被纳粹占领后用作犹太人的聚居所或者说是监禁营地。苏联解体后,白俄罗斯政府对米尔城堡进行了更完善的修复,并且在周边建起公园、园林等景观,使其形成一个建筑群。联合国教科文组织世界遗产委员会评价,米尔城堡于 15 世纪末动工建设,属于哥特式风格,后来在文艺复兴时期及其后的巴洛克风格盛行时期得到不断扩建和重建。城堡曾被遗弃了近 1 个世纪,后又在拿破仑一世时期受到严重破坏,但最终于 19 世纪末得到修复。在修复过程中,加入了许多其他要素,美化了周边景观,建成了一个公园。

如今的米尔城堡面貌是其历经沧桑动荡的历史写照。

2.4.2 艺术典范

米尔城堡是一座有着悠久历史且建筑风格独特的建筑物，它是一个标准的四边形，每条边相接的地方都修建了一座塔楼，其中第五座塔楼上的吊桥可以紧急关闭或开启大门。在那个时代，战争频发，所以米尔城堡的建筑是可以抵御枪击的。四周的墙壁都有上下两排窗户，不但便于从里向外射击，更可以使用重型大炮对外攻击。高塔是米尔城堡的建筑基础，每一个塔楼都是凸出于四周墙壁的，并且几座塔楼的结构也是相同的，以四面体为核心与屋顶连在一起。米尔城堡建筑所选用的材料多样，有石灰石、金属、木头等。城堡内有很多琉璃瓦制成的装饰品。在外围，城堡被一条护城河紧紧地环抱，墙北侧有一个巨大的花园，而南侧则有一个颇为美观的人造湖。尽管在岁月的长河中城堡遭到了许多破坏，但从修复后的面貌或是从很多破败的痕迹上还是可以看出它所蕴含的历史建筑韵味及独特的建筑风格。

修复后，米尔城堡呈文艺复兴时期的风格，城堡沿着东面和北面的城墙建造了一座三层的富有艺术特色的宫殿，有着石灰石的大门、镀金和镀银的金属装饰、优雅的骑楼和幽长的走廊。在后期考古工作中还发掘了大量的有植物图案和几何图案的瓷砖，以及城堡主人的战服。米尔城堡的周围都砌有土墙，被土木工事和阵地工事包围，就连城墙都有 13 米高、75 米长。尽管屡遭毁坏，最严重的一次是在 1812 年战争期间，但城堡迄今依然幸存，并且已经成功地得到修复，是 16 世纪建筑艺术的典范。

2.5　丰富的旅游资源

白俄罗斯地势平坦,多湿地,属温带大陆性气候,气候温润舒适。其境内的湖泊、河流资源丰富,分布有 2 万多条河流,大小湖泊约 1 万个,有"万湖之国"之美誉。境内 1/3 是森林,原始森林中,动植物尤其是珍禽异兽品种繁多,极有利于开展江河湖泊观光游和森林狩猎等旅游活动,这些资源为白俄罗斯发展旅游业提供了良好的条件。

2.5.1　别洛韦日森林公园

别洛韦日森林公园位于白俄罗斯西部的布列斯特州和格罗德诺州,与波兰的比亚沃韦扎森林公园连成一片。这是白俄罗斯最著名的名胜古迹之一,也是欧洲著名的旅游观光胜地,是欧洲中部最大的原始森林。历史上,别洛韦日森林公园是俄波两国君主贵族狩猎场地,林区树木茂密,空气清新,动植物种类繁多,有欧洲野牛等多种稀有珍奇动物。它不但是白俄罗斯最大的重点自然保护区,也是独联体、欧洲甚至世界享有盛誉的自然保护区,已被联合国教科文组织列为人类遗产之一。

2.5.2　布拉斯拉夫国家公园

该国家公园位于维捷布斯克州,建于 1995 年。公园总面积为 691 平方千米,分布着约 200 个美丽的冰川湖,湖泊总面积为 114 平方千米,湖区内有多种被列入白俄罗斯《红皮书》的动物和鸟类,并建有很多旅游休闲中心。

2.5.3　马尔克·夏加尔纪念馆

该纪念馆位于维捷布斯克州,是白俄罗斯访问量最大的博物馆之一。马尔克·夏加尔出生于白俄罗斯维捷布斯克的一个犹太家庭,因其超现实主义的画作而闻名世界。马尔克·夏加尔纪念馆收藏了作者 300 多件原创艺术作品,包括版画、木版画、水彩画,以及尼古拉·果戈理长篇小说《死魂灵》中的插图。此外,博物馆还展出了一些马尔克·夏加尔最著名作品的复制品。

2.5.4　涅斯维日的拉济维乌家族建筑群

该建筑群位于白俄罗斯中部的涅斯维日城,是一座与拉济维乌家族历史有关的,富有 16—18 世纪建筑特色和景观艺术的独特纪念碑。这座庞大的建筑群包括城堡、基督圣体陵墓和教堂,以及周边诸多建筑。附近一座景色秀美的公园与建筑群交相辉映,使其更加迷人。2005 年,该景点被联合国教科文组织列入世界自然和文化遗产名录。

2.6　院落式民居建筑

　　东西方文化的交融使地处东欧平原的白俄罗斯形成了具有鲜明特点的白俄罗斯传统建筑风格。源自民间智慧的民居建筑真实地反映了地域特点、生活习惯与民族性格,各时期的白俄罗斯民居建筑都沿用特有的功能和空间组织方式,并不断加以更新,使其虽具有鲜明的时代感却依然保留固有的空间组织形式。十月革命前的白俄罗斯地区长时间处在小农经济模式下,该地区发展出特点鲜明的集居住和日常劳作于一体的院落式居住空间,这种院落式民居也被称为"农庄式民居"。该民居类型丰富,包含建筑和院落两部分,各类型的规模与空间组织方式差异较大。

2.6.1　组合形式

2.6.1.1　院落组合式

　　该类型民居整体功能单元分区明确,建筑平行或呈 L 形排列,院落由建筑和围墙围合而成,居于中部。院落窄长、紧凑且相对封闭,空间相对较小。白俄罗斯地区自古牧业发达,饲养牲畜是常见的农家生产方式,因此,牲畜院一般在此类民居的空间布局中占据核心位置。院落组合式民居空间布局大多规整且分区明确,纵横两个方向都有对称关系。居住单元和饲养单元通过交通单元相互联通,通过门扇、部分操作和储存空间阻隔,互不干扰。储存空间根据具体功能需求穿插在居住单元和饲养单元内,谷仓是面积最大的储存空间,多居于建筑后段,毗邻饲养院。饲养院单独设置对外大尺寸出入口,用于牲畜和谷物进出。

2.6.1.2　合院式

白俄罗斯地区的合院式民居分单院式与两进式两种。

单院式院落三面由建筑围合,一面由围墙围合,院落较集中式更开阔。与我国多数传统合院式民居的正、厢房概念不同,白俄罗斯合院式民居的居住单元通常放置于庭院入口两侧,主要的储存空间和饲养空间位于正对入口的中轴线上。

两进式合院的两个庭院被过廊分隔,一进院主要包括居住单元、操作单元和部分与日常生活相关的储存空间;二进院主要是储物空间(谷仓)和由饲养单元围合而成的农用院落。过廊(棚)兼顾交通联系及半室内饲养功能,过廊由墙面和列柱围合而成,靠近居住单元的实墙能够阻隔单元间的干扰,靠近农用院落一侧的列柱用来拴大型牲畜。

合院式民居院落出入口在围墙(栅栏)上,出入口数量与民居主人的生产活动方式和起居习惯相关,无论出入口数量多少,均大小交错,区分人行、非人行(畜、货)路线。

2.6.1.3　直线式

直线式分直线连续型和直线平行排列型两种。直线连续型各单元空间首尾相连或首尾相邻。直线平行排列型建筑单体窄长、并联布置。该类型空间单元功能组织明确,彼此不交叉、不干扰。窄长的院落位于建筑前或建筑之间。

2.6.1.4　L 形式

与直线式的空间组织形式相似,建筑空间单元以 L 形首尾相连,形成有夹角的半围合庭院空间。该类民居院落中都有半开敞棚过廊空间,其中靠近庭院一侧设柱,是饲养牲畜的主要半室外场所。

院落组合式和合院式是更为封闭的民居类型,相较直线式和L形式,其私密性、安全性更佳,空间组织更丰富,单元关系更复杂。这两类院落民居的空间布局紧凑,各功能空间之间的关联性和通达性佳。直线式和L形式院落民居对场地的适应性强,空间之间的组织关系更为灵活,与场地交通的连通性佳。高寒气候下,白俄罗斯院落式民居的起居室均不设直接对外的出入口,大多通过门厅中转,且起居室内均设壁炉。

2.6.2 随时代演进

随着社会经济的逐步发展,摆脱了小农经济束缚的白俄罗斯地区的农村在十月革命后快速进入苏联式农业集体化时期,以家庭为单位的生产模式逐步被农庄的集体机械化生产所取代,随之而来的民居中各空间的功能属性和整体功能配置也发生了巨大变化,其中最主要的变化体现在操作单元中农用院功能的模糊化(开始由单一的操作空间转变为人居空间甚至休闲空间)。苏联时期在社会主义分配制度下,居民不再需要独立的大面积储存空间,室内储存空间通过增设壁炉等方式被转换为居住空间,农用院也逐渐开始承载人居空间的作用(多代或多户混居的共用庭院)。当代院落式民居在此基础上进一步发展和演变,其中对空间功能进行精细划分的院落组合式民居愈加少见,直线式与L形式民居也因较差的私密性而越来越少。而合院式民居因其具有集中且私密性佳的大尺寸院落空间而更加适应现当代白俄罗斯民众的生活居住需求,逐步成为白俄罗斯地区最常见的院落式民居类型。

当代社会经济的迅猛发展使物资来源更加稳定、采购更加便利,民居中储存空间的作用日渐削弱,随之而来的是家庭成员更加注重个人隐私,居住单元逐步取代储存单元成为白俄罗斯民居建筑中的最主要空间类型。

舒科夫家宅位于明斯克州普济齐河沿岸,户主舒科夫将原有 L 形式民居通过加建居住、储存单元和围墙的方式改造为合院式民居,加建部分作为自住单元,原有的居住单元作为民宿向游客出租,敞开的院落空间作为共用室外空间的同时承载了部分饲养功能。该建筑功能空间的当代演化呈现出由敞开向私密、由储物单元为主向居住单元为主的趋势。

2.6.3　地方性当代传承

白俄罗斯当代居住建筑广泛融合世界各地的建筑风格与设计手法,也同样注重本土民居特色的传承与转译。

白俄罗斯当代建筑师在追求传统风格传承时,抛弃视觉要素的模仿,回归对传统生活方式及空间体验感的追求,采用现代材质、当代设计手法和建造工艺,继承、更新传统民居空间布局形式,设计出既能适应现代生活需求,又保留传统院落式民居要素的民居,体现当代传承。

第3章

哈萨克斯坦

哈萨克斯坦共和国是中亚五国之一，中国的重要邻邦，古丝绸之路上的重要国家，也是"一带一路"中国向西拓展的第一站。位于亚洲中部，北邻俄罗斯，南与乌兹别克斯坦、土库曼斯坦、吉尔吉斯斯坦接壤，西濒里海，东接中国。哈萨克斯坦面积为 272.49 万平方千米，约占地球陆地表面积的 2％，相当于整个西欧国家面积之和。国土面积排名世界第 9 位，是中亚五国中领土面积最大的国家。哈萨克斯坦的领土从西部的欧洲伏尔加河下游到东部的阿尔泰山，长 3000 千米，从北部的西伯利亚平原到南部的天山山脉，宽 1700 千米。国境线总长度超过 1.05 万千米。哈萨克斯坦通过里海可以到达阿塞拜疆和伊朗，通过伏尔加河、顿河运河可以到达亚速海和黑海，被称为当代"丝绸之路"的欧亚大陆桥横贯哈萨克斯坦全境。是世界上最大的内陆国，在 1991 年 12 月 16 日宣布独立。官方语言有哈萨克语和俄语。哈萨克斯坦的民族和文化属于突厥文化、伊斯兰文化和斯拉夫文化的结合体。

　　哈萨克斯坦的矿产资源非常丰富，锌、钨的储量居世界第 1 位，用于核燃料和制造核武器的铀的产量也居世界第 1 位，被称为"铀库"。石油可采储量 40 亿吨，天然气可采储量 3 万亿立方米。铬和磷矿石居世界第 2 位。铜、铅、钼的储量居亚洲第 1 位。

3.1　首都努尔苏丹

努尔苏丹原名为阿斯塔纳。1999 年,联合国教科文组织宣布阿斯塔纳为"世界城市"。2008 年 4 月,在莫斯科举行的"独联体国家最佳城市"比赛中,阿斯塔纳一举拿下了 16 项大奖中的 9 项。2019 年,哈萨克斯坦议会通过总统托卡耶夫的提议,将首都改名为努尔苏丹,此举意在纪念努尔苏丹·纳扎尔巴耶夫。

努尔苏丹是该国第二大城市,其位于哈萨克斯坦北部和中部草原地带,而且伊希姆河流经其中,因此才会有这么宽敞广阔的景观。伊希姆河北面是努尔苏丹的旧区,南面是其发展较新的地区。努尔苏丹海拔 347 米,面积 300 平方千米,坐标是北纬 51.1°、东经 71.5°。

努尔苏丹的年均温度是 1.8℃。最冷的月份是 1 月,月均温度为－17.4℃,而最热的月份是 7 月,月均温度为 20.2℃。

从气候来看,努尔苏丹是全世界第二冷的首都城市,仅次于蒙古的乌兰巴托。在努尔苏丹成为首都前,全世界第二冷的首都城市是加拿大的渥太华。努尔苏丹是全哈萨克斯坦最冷的地方,曾经记录的最低温度是－51.6℃。在冬天,努尔苏丹的温度在－35℃到－40℃之间,其平均温度有半年是在零摄氏度以下。总体来说,努尔苏丹属于温带大陆性湿润气候,但濒临半干旱气候。

2020 年,努尔苏丹人口为 120 万,哈萨克族人口占全市人口的 70%。其他少数民族还有乌兹别克族、维吾尔族、乌克兰族、卡拉卡尔帕克族、阿塞拜疆族、土库曼族、柯尔克孜族。

3.2 努尔苏丹建筑

努尔苏丹是世界上最年轻的首都之一,在被赋予成为首都的使命后,在追求现代化的道路上一路狂奔。各种不同风格、前卫现代的建筑拔地而起,形成了一道道独特华丽的风景线。努尔苏丹只用了短短 20 年时间,已成为中亚最现代化与最具发展潜力的城市。

3.2.1 黑川纪章

最初努尔苏丹城市规划方案的竞标非常激烈,几十家国际知名的建筑事务所都参与了竞争,最后胜出的是日本建筑大师黑川纪章。他的方案十分新颖、独特,结合了"新陈代谢"理论和城市"共生思想",提出了以生态发展为基础,注重未来持续发展与变化理念,力求使未来的努尔苏丹成为独一无二的城市,最终得到了总统的青睐。

黑川纪章为努尔苏丹机场设计了新的航站楼,还为新城的行政中心区规划了一条长约 1.5 千米的中轴线,中轴线上和两侧分布着努尔苏丹最具代表性的建筑。中轴线上最显眼的建筑是被称为"生命之树"的巴伊杰列克观景塔(Bayterek)。这也是努尔苏丹的地标,据说灵感来自总统在一张纸巾上绘制的建筑草图。观景塔也是努尔苏丹所有前卫建筑中最受欢迎的一个,高 97 米的白塔顶着一个玻璃球,这个造型的灵感来自哈萨克民间故事。传说中神鸟萨姆鲁克在人类无法企及的地方产下蕴藏人类幸福秘密的金蛋。也许,这颗巨型的玻璃"金蛋"就代表了努尔苏丹对幸福未来的追求。

堪比美国白宫的总统府(Ak Orda Presidential Palace)则坐落在中轴线的中心位置,入口处的广场有美丽的花园,还有两座被当地人称为"啤酒罐"的金色锥形建筑。

3.2.2　诺曼·福斯特

著名的英国建筑师诺曼·福斯特(Norman Foster),是一位高产的建筑师,他为努尔苏丹设计了另外两座代表性建筑,还获得了哈萨克斯坦首任总统和平与进步奖。

其中一座是位于中轴线上的精巧华丽的和平金字塔,最令人震撼的是其中 3 层装饰有彩色玻璃鸽的会议室。和平金字塔也是世界传统宗教领袖大会的举办地。

2010 年开业的大汗帐篷娱乐中心(khan Shatyr)同样由诺曼·福斯特设计。这个被称为"生活体验中心和世界级购物中心"的大帐篷高 150 米,使用了吸热性极强的高科技建筑材料,还有来自马尔代夫的白沙,这样不管外面有多寒冷,室内也会温暖如春。

大汗帐篷娱乐中心大概是努尔苏丹最受人喜爱的去处,它从外表看起来有些像大型巡游马戏团搭建的表演场所,里面却别有洞天。在常规的购物和美食之外,还有很多游乐项目,包括跳楼机、激流勇进和 500 米长的单轨吊索。夏天,娱乐中心里巨大的游泳池、棕榈树是躲避灼热阳光的好去处,也能让游客体验一把在草原上戏水(尽管是室内)的乐趣。

3.2.3　曼弗雷第·尼科勒提

意大利建筑师曼弗雷第·尼科勒提(Manfredi Nicoletti)

设计的努尔苏丹中央音乐厅(Kazakhstan Central Concert Hall)被称为"草原之花"。音乐厅的外立面由蓝色的玻璃幕墙交错组成,形似一层层包裹起来的花瓣。音乐厅里 3 个不同的剧场会常年上演音乐及舞蹈剧目,迪玛希的粉丝见面会也是在这里举办的。

3.3 哈萨克斯坦的湖泊群

哈萨克斯坦是世界上面积最大的内陆国,身处亚欧大陆的中心地带,是典型的大陆性气候。受地理位置影响,哈萨克斯坦国内大部分地区干旱少雨,但在东部地区有一片富饶的土地,分布着大大小小的湖泊,形成一片美丽的湖泊群。

东哈萨克斯坦紧挨着我国的新疆地区,位于天山山脉的西段,北部是阿勒泰山脉。高大的山脉成为这些湖泊的水源地。从遥远大西洋吹来的含水汽气流,遇到山脉的阻挡,被迫抬升后就在山区的迎风坡形成了丰富的降水,滋润了中哈两国接壤的地区,这也是我国新疆北部水草丰美的原因之一。而降水形成的河流,多数都流向了哈萨克斯坦的丘陵和图兰平原地区,成为内流河。还有一部分重要的水源就是天山山脉上的巨大冰川和积雪,主要是夏季融雪性的丰沛流水,最终都汇入了以伊犁河为代表的 7 条河流,并汇成了几大湖泊。

3.3.1 巴尔喀什湖

巴尔喀什湖的奇特之处在于其湖水的矿物成分多样性。湖中动植物种群丰富。巴尔喀什湖区地层多碳酸盐沉积,动物繁多,特别是在芦苇丛中有大量鸥、野鸭和鸬鹚,还有天鹅、鹈鹕、雉和鹧鸪,野兽有野猪、狼、狐狸和野兔等。湖中有 20 种鱼类,6 种属该湖专有,其余为人工养殖,包括鲤、鲈、鳊、鲟、狗鱼、弓鱼等。当地居民从 20 世纪 30 年代起开始在湖周围养鱼并发展渔业。

巴尔喀什湖北岸为著名的铜矿带,是重要的炼铜中心,同时还建有连接哈萨克斯坦和中亚重要城市的铁路;南岸伊犁河下游农牧业(种植水稻、养牛)发达。由于西半部注入水量多,因此湖水常年自西向东流。西半部湖水清澈,东半部含盐分较高,之间有一狭窄的水道相连。

游客可在巴尔喀什湖进行充气艇、皮划艇、独木舟、钓鱼比赛等趣味活动。湖区建设有旅游疗养地。湖泊宜人的景色、适宜的气候条件和丰富的自然景观资源在调节游客心理平衡、消除疲劳、矫治疾病、增强体质等方面起着重要作用,能为游客提供集休闲、疗养和观光于一体的健康之旅。

3.3.2　斋桑泊

斋桑泊又称斋桑湖,蒙古语为斋桑淖尔。"斋桑"一词为蒙古语,为古代蒙古族官衔。斋桑湖位于阿尔泰山和塔尔巴哈台山之间的盆地,是额尔齐斯河上游流经的淡水湖。布赫塔尔马水库建成前,斋桑湖面积为 1800 平方千米,长 111 千米,宽 30 千米,平均水深 4—6 米,最深约 10 米。1959 年水库建成后,在水坝上方沿额尔齐斯河可直达斋桑泊,其形成面积为 5500 平方千米,湖水平均深度增至 11—13 米,可通航,建有鱼苗繁殖场。

3.3.3　阿拉湖

阿拉湖位于东哈州和阿拉木图州边境处,是哈萨克斯坦境内的盐湖,同时也是杰特苏地区巴尔喀什湖之后的第二大湖,包括岛屿在内面积为 2696 平方千米,长 104 千米,最宽的地方达 52 千米,湖边总长度 384 千米,平均深度 22.1 米,最深处达

54 米,湖水体积达 58—60 立方千米。

阿拉湖紧挨着中哈边境,是东哈萨克斯坦地区的一颗明珠。阿拉湖充满了历史传说,最著名的传说和唐代大诗人李白有关。据传,李白的出生地就在阿拉湖畔。椭圆形的阿拉湖一天中最美的时刻是黄昏,夕阳之下,湖水折射出鲜红色的光芒,将湖边草原上的植被和花卉,甚至是巴尔鲁克山主峰都染成了红色。

每逢春季,阿拉湖周围降水量较大,同时由于空气湿度较高,该景区大多数时间都隐藏在云雾之中。进入夏季,阿拉湖四周便开始迎来云淡风轻、草长莺飞的黄金旅游季节。

天气晴朗的下午,当地居民享受着从阿拉湖飘来的清新空气,欣赏着阿拉湖辽阔的湖面,两座湖心小岛在薄雾中隐约可见。

另外,阿拉湖里的鱼肉质鲜美,价格是当地鱼价的三四倍。长期以来,人们都利用阿拉湖水的特点疗养身体,因为湖中含有很多微量元素。

3.4 饮食文化

哈萨克族原为游牧民族,逐水草而居。几千年来生活在大草原上的哈萨克人,形成了自己独特的饮食文化。哈萨克族被誉为马背上的民族,也由于这个特点,哈萨克斯坦人的饮食热量较高,多以肉食为主,传统食品是牛羊马肉。传统奶制品种类繁多,不仅有用牛奶做的,还有用马奶、骆驼奶、羊奶等做的,十分美味,又富含营养。

在哈萨克斯坦人家做客,也有许多讲究。比如吃饭时的座次:最主要的客人坐在离门最远的位置,其他人则按地位或辈分依次而坐。如果您到哈萨克斯坦人家做客,他们一定会准备一盘哈萨克斯坦的国菜"别什巴尔马客",翻译成汉语是"五手指饭"的意思,是哈萨克斯坦人待客的第一道菜。"别什巴尔马客"的制作材料主要是马肉,也可用羊肉,此外还有面片。传统"别什巴尔马客"使用马肉,并配以马肠。吃完后,一般还要喝马奶或者骆驼奶。

哈萨克斯坦人吃的肉食,主要是羊肉,兼以牛肉。有一部分人也吃马肉、驼肉。他们最爱吃的东西叫"金特",是将幼畜肉用奶油混合之后,装入马肠之内煮制成的。各种乳制品,诸如奶皮子、奶豆腐、奶疙瘩等,都是他们的平常之食。哈萨克斯坦人都爱吃一种叫作"馕"的烤面饼,并且喜食抓饭与面条。

在一般情况下,哈萨克斯坦人吃的蔬菜品种不多,主要有黄瓜、西红柿、葱头、卷心菜等。在制作菜肴时,他们口味较重,偏好甜、辣、酸,爱用胡椒和番茄酱。

在哈萨克斯坦,不同民族的饮食禁忌大不相同。作为穆斯林,哈萨克族、乌兹别克族的人通常忌食猪肉、自死之物、动物的血及未诵安拉之名宰杀之物。狗肉、驴肉、骡肉、整条的鱼,他们也是不吃的。此外,他们一般都不饮酒。

俄罗斯族人通常不吃海参、海蜇、乌贼和木耳。有不少人还不吃虾和鸡蛋。不过,他们不禁酒,也不禁食猪肉。他们平日以面食为主,并且最爱吃面包。

鞑靼族人的禁食之物与哈萨克族人大致相近。他们主要不吃猪肉、驴肉和骡肉。

在设宴招待来宾时,哈萨克斯坦人一般都讲究要上羊肉。在宰羊前,他们常会把羊牵过来让客人过目。在他们的眼里,羊头乃是席上之珍。因为这一习俗,在宴客的时候,他们乐于将羊头摆上宴席。他们认为,唯有用羊头来招待客人,方能表达自己对待客人的赤诚之心。吃过羊头之后,他们才会吃其他部位的羊肉。

按照哈萨克斯坦人的民族传统,牛奶、羊奶、马奶、酸奶和奶茶都是上佳的饮料,并且可用于待客。参加哈萨克斯坦人的宴请时,记住先从自己的盘子里取一些羊肉,请女主人品尝。在哈萨克斯坦人看来,此举意味着客人对主人的敬重和感谢之意。有时,客人还须切下一只羊耳朵,送给在场最年轻的男子。此举意在叮嘱其孝敬父母。

哈萨克斯坦的美食充分反映了哈萨克的文化和传统,同时也成就了哈萨克这个热情好客、勇敢善战、善良朴实的民族。

3.5 哈萨克族的传统婚礼与现代婚礼

哈萨克民族有着非常丰富的人生礼仪,婚礼是人生礼仪中重要的一部分。哈萨克族的婚俗文化世代相承,有着久远的历史。

3.5.1 哈萨克族传统婚礼状况

3.5.1.1 婚礼前的仪式

1)说亲仪式

家庭条件较好的男孩会和他的朋友一起去挑选自己的未婚妻。勇敢且已到结婚年龄的姑娘,会通过聚会上的阿依特斯(是以即兴、竞技性对唱为主要表现形式的口头表演艺术)与男孩交流认识。相处一段时间后,男孩会请家长派代表去女方家说亲。提亲的领头代表叫作"领头亲家",婚后"领头亲家"作为媒人将义务性地照顾新娘,因此新娘一生都非常尊敬他,婚后称他"叔叔"。也不是所有家长都允许年轻人自由选择伴侣。父母总是很操心孩子的婚姻,他们都想寻找门当户对、家境良好、品格高尚、基因优良、没有遗传疾病的家庭结亲。在孩子出生前两个家庭关系密切,就约定如果两家的孩子刚好一男一女,便结为亲家,这被称为"贝尔库达"。如果婴儿尚在摇篮时就敲定了婚事,则被称为"摇篮亲家"。在贫困的牧民中还流行一种"换门亲",即两家互换女儿作为自己的儿媳,双方都不收彩礼。但无论怎样,双方家庭都必须恪守哈萨克族亲属关系七代以内不准通婚的准则。过去甚至还有女人比男人大 8 岁、男人比女人大 25 岁不能结婚的习俗。

　　2）订婚仪式

　　哈萨克族的订婚仪式很隆重。先是男方的女性亲属在指定的日子去女方家。男女双方同意缔结婚约后便开始商量彩礼的数量、嫁妆、新人的住房、婚期等具体事项。然后，双方念"巴塔"互相承诺。为了证明双方的这个承诺，他们要念经、宰一只羊，然后男孩的父亲与女孩的父亲把手放进盛着羊血的盘子里（在旧时是把自己的剑头插进有羊血的盘子里）。这意味着他们的血混合在一起了，从此他们变成亲属了。最后两位父亲喝下羊血。为了这个"巴塔"，男方的父亲会送给女方一匹马或者一峰骆驼。女方会在订婚这天为客人准备仪式盛宴：羊肝和羊尾油，哈萨克语称为"冬拜吉干"。实际上，该仪式餐主要是为了证实新郎的求婚、双方父母的权利和义务。这个仪式举行后，双方不得退婚或反悔，否则违约的一方将要付罚款或退还收到的彩礼。在订婚仪式期间往往会有一些戏谑媒人的习俗，如：让其倒骑公牛游村示众；让其躺在大毛毯中央，众人抖动毛毯将其荡向高空；将媒人的脚用绳索绑住，倒吊在毡房顶上；趁其不备将其衣物缝系至地毯上；让其身着妇女服装……媒人不但不能生气，还要提供礼物或"罚金"求饶。

　　3）送彩礼仪式

　　男方代表按照之前的商定给女方送订婚聘礼，进一步与女方商定婚礼的具体事宜。女方会给男方回礼，女孩的父亲会给男方代表披皮袄，女方的女主人或是德高望重的中老年妇女会撒恰秀祝福大家。按照习俗，还要核算报答新娘母亲的母乳之恩的礼物，以及慰藉新娘家死者和在世亲属的礼物，这些都要男方支付。报答母乳之恩是传统哈萨克族婚礼中特有的一个仪式,强调母亲在养育子女时的重要性。新郎带来婚礼上女方所要用的牲畜,哈萨克语称为"托依-马勒",还要带来价格昂贵的布料、生活用品、水果、方糖、茶叶等。女婿将来在家庭中的威望也取决于这次礼物的多少。按照传统,在亲家返回前,女孩的父亲要给男方回礼。对于宽裕的家庭来说,回礼是一群马,会相应地分给男方的亲属。

3.5.1.2 婚礼中的仪式

1)出嫁仪式

新娘为婚礼准备的着装是婚纱、坎肩、高顶帽——萨吾克列。萨吾克列是具有哈萨克民族象征性的头饰,用昂贵的丝绒或高等级天鹅绒缝制,上绣宝石、珍珠、珊瑚、金银硬币等装饰品强调它的富丽,边缘饰有水貂皮、狐狸皮,还用一束轻柔飘逸的猫头鹰羽毛装饰顶部,据说猫头鹰羽毛有祛病消灾的作用。举行戴萨吾克列的仪式时女方会邀请亲朋好友一起见证和祝福。

新郎和新娘还会去清真寺或者邀请阿訇来家里做客,举行"尼卡"仪式,以确证男女亲属关系,请阿訇念"尼卡"。新娘的母亲在水杯里放上白糖或者盐,有时还会放戒指。阿訇会询问新娘、新郎愿意不愿意举行这个婚礼,如果他们都愿意,阿訇就让他们喝一口杯子里的"尼卡水"。做完"尼卡",新娘的父亲要给阿訇赠送一匹马或是萨帕(礼服)。

女方家举行出嫁庆祝活动时,男方家会有 5 个或 7 个人(奇数)参加。他们当中会有一个主事的代表、一个见证人及新郎的亲戚和朋友。(在哈萨克斯坦北部和中部地区,只有新郎独自去女方家参加仪式,一般在晚上举行仪式。)女孩的亲属及朋友也被正式地邀请来家里做客,举办阿依特斯、赛马、叼羊、摔跤等各种娱乐活动和体育竞技活动。

第二天新娘要离开时,会唱起哈萨克族婚礼传统的《告别歌》(或《哭嫁歌》),接亲的人会唱《加尔-加尔》或者《阿舒迪亚尔》。新娘与大家一一惜别后,嫂子会唱传统的《劝嫁歌》安慰她,祝愿她幸福。传统习俗认为新娘沿着洁白的道路出发后不能再回头看父母,只有这样她的婚姻才会幸福。"新婚之驼"是把新娘和她的随员送到新郎家的交通工具。骑"新婚之驼"的包括新娘的母亲、姐妹和嫂子,其他人不得骑这些骆驼。

2)迎亲仪式

按照哈萨克族传统,女方举行出嫁仪式后不久,新郎父母则举行男方婚礼,程序和女方婚礼的程序大致相同,气氛比新娘家要热闹许多。新娘在揭面纱歌《别塔夏尔》的引导下要鞠躬敬礼,见过公婆和男方的亲属,感谢大家赠送的首饰、衣帽、生活用品等;迈进房间门槛时要再次鞠躬,新郎要给自己的妻子鞠躬回礼。新郎的母亲让新娘向燃烧着的火上倒一点油。这时新郎的母亲及一些女性亲属就会说:"'火神''油神'让她长寿,祝她幸福,请祖先神圣满意。"

3.5.1.3　婚礼后的仪式

1)结婚后第一天

父老乡亲都关注新媳妇的品德和才干,因此新媳妇婚后第一天一大早要打开自己新家和公婆家的毡房顶圈毛毡"吞度克",表示新娘的勤劳、谦恭。

婚后,为了让新娘更快地适应新环境,新郎的亲戚和邻居会邀请新娘到家里做客,与她相识和亲近。新娘不能空手去,婆婆会按照亲疏关系规定礼物的厚薄,送的每件东西都有吉祥的含义。亲戚和邻居也会评价或者考验新娘的性格和行为举止,看她究竟是否有教养和礼貌。

婚礼后,新娘取下萨吾克列,会佩戴一种较小的头巾长达一年。当她生下第一个孩子后,阿吾勒里有威望的妇女会特意来到她家里,给她戴上成熟女性佩戴的头巾。

2)回门仪式

婚后,女婿携带妻子和要好的朋友,在指定的日子去妻子父母家拜见岳父和岳母。婚礼后,新娘所有的近亲都会邀请新郎的父母来家里做客,男方积极回应女方亲属的邀请,新郎的父母会和新婚夫妇一起去亲家及其亲属家做客,这种拜访可长达半年。

3.5.2 哈萨克族现代婚礼状况

3.5.2.1 婚礼前的仪式

现在年轻人常常通过自由恋爱选择伴侣,在个人同意的基础上告知双方家长,双方家长一般都比较尊重年轻人的意愿。男方代表会带礼物去女方家提亲并商定结婚的一系列事情。现在人们不太注重聘礼,已摒弃了给众多牲畜的习俗,但还保留着回礼的习俗和提亲时的一些其他传统。双方父母一起商讨如何在物质方面帮助年轻的夫妇构建新的家庭。拥有一定经济能力的父母会给儿女赠送贵一点的礼物,比如房、车,有的父母会送厨具、餐具、被褥等日常用品。

3.5.2.2 婚礼中的仪式

1)出嫁仪式

如今,唱《哭嫁歌》的习俗已渐渐被遗忘。偶有新娘和父母分别时会相拥落泪,但很快就会愉快地与丈夫坐上迎亲的轿车,前往证婚处证婚,或是去清真寺举行"尼卡"仪式,或是到著名景点摄影留念,或是去文化广场与年轻的朋友们唱歌、跳舞。

2)迎亲仪式

婚礼主持人及来宾一般身着西装或融入哈萨克族图案纹

样的改良西装，男士打领带、领结，女士穿套装或裙装，年长的女性有时会头戴洁白的克伊莫谢克。克伊莫谢克是生育过子女的女性戴的一种用白绫、白绸等布料缝制的套头巾，露出额头、眉毛、眼睛、面颊、鼻子、嘴和下巴颏，而遮盖住其他部位如头顶、头发、鬓角和耳朵，长而宽的巾边盖住前襟、双肩和后背。克伊莫谢克头巾有纯白不加装饰款和加装饰款，加装饰款是在额头、面颊两侧、脖子和前襟绣有花草图案，并镶嵌纽扣、串珠和银质饰品。

经济情况好的家庭会邀请两位主持人，分别主持上、下两个半场，或是让两位主持人同台主持，甚至会邀请女性主持人。

大部分新娘身着欧式婚纱，新郎则穿西装或融入哈萨克族图案纹样的改良西装。婚礼上，常常在新娘出场的时候，使用一个大的帷幔罩住新娘或是用白色的头纱遮挡在新娘面前，等待演唱《别塔夏尔》仪式结束后由演唱《别塔夏尔》的歌手为新娘揭开面纱。

新娘及其亲属入场的曲目是《加尔加尔》，这一传统在哈萨克族民众中保持得很好。新娘入场后，站在一块事先准备好的白布或者白色的花毡上，这一习俗保持至今，无论婚礼奢简，无论城市还是农村，没有一家省略。据说这一习俗象征新娘的纯洁，同时希望新人婚后的道路平安无阻。

在婚礼仪式上，现在可见到新人共饮一碗盐水的习俗，还要请婚礼现场有威望的老者为新人做巴塔，巴塔中充满了对新娘的赞美和对她未来的祝福。

在婚礼当中演唱《别塔夏尔》并为新娘揭面纱是哈萨克族婚礼的一个重要仪式。演唱《别塔夏尔》的歌手有时候并不是主持人，而是专门邀请的一位男性阿肯，阿肯手持冬不拉，唱起《别塔夏尔》，给众人介绍新娘，给新娘介绍男方家的亲属，告诫新娘作为人妻应该履行的责任和义务。新娘在阿肯的指引下向男方亲属——鞠躬行礼,最后由阿肯用冬不拉为新娘揭开面纱。在演唱《别塔夏尔》的时候,会在新人面前摆放一个容器,男方家的亲人会随着阿肯的歌声——走上前来,往容器中添钱,作为给新娘的见面礼。有时还会给唱《别塔夏尔》的阿肯塞钱,鼓励他妙语连珠。为了烘托气氛,婚礼还会请专业演员表演哈萨克族传统歌舞。如果主人家实在找不到娴熟掌握《别塔夏尔》的阿肯,至少也会请一名歌手,手持冬不拉,拿着提前写好的《别塔夏尔》歌词,或唱或念,完成这一仪式。

冬不拉作为一种符号,在揭面纱仪式中的地位是无可替代的,这是因为哈萨克族冬布拉自古以来是草原文明和哈萨克传统文化交融的体现,反映了哈萨克民族崇尚自然的精神特质和对美好爱情、幸福生活的执着追求,是哈萨克人体现民族凝聚力和教育、培养后代的重要手段。在各种活动中,冬不拉艺术都以其独具特色的"话语"和"唤醒"作用,成为哈萨克人民在文化认同、民族认同、维护团结方面所具有的无可替代的重要标志,也是解读哈萨克人审美心理和艺术共通的依据,是维系哈萨克民族精神的纽带。

新人结婚之前或是当天在婚姻登记处有一个证婚仪式,由专门的证婚人,当着新人和亲朋好友的面宣读庄严的证婚词,新人当面承诺自愿结婚并愿意承担婚后的一切责任和义务之后,在证婚人面前签下法律文书,伴郎伴娘也要签字,以示见证。最后婚姻登记处会给新人颁发结婚证书。领到结婚证后,新人会交换婚戒,当场打开香槟,和朋友们一起举杯庆祝。此外,哈萨克斯坦的新人结婚还要进入清真寺,请阿訇念尼卡。

3.6　哈萨克斯坦电影

2010—2020 年,哈萨克斯坦电影发生了两个变化:首先是"独立之子"一代电影人的出现,他们不怕审查,对最尖锐的社会问题进行自由表达。其次是电影成为一种商品,年轻的电影人不再等待政府的支持,而是开始为本土市场制作有魅力的、充满娱乐性的喜剧电影来赚钱。

这一切都始于 2010 年,当时第一部娱乐电影《粉红兔的故事》在电影院上映,该片由法尔哈特·沙里波夫导演。这部电影不仅受欢迎,而且成为阿拉木图"黄金青年"们充满魅力的生活的图标,展现了社会中的不同阶层,有着很强的社会价值。另一部年度电影是《明星鸡尾酒》,由阿斯卡尔·乌扎巴耶夫导演,巴扬·阿拉古佐娃担任制片人。

哈萨克斯坦电影中最受欢迎的类型是喜剧。在 2019 年制作的 44 部电影中,有 17 部是喜剧片,占 39%。制片人兼演员努尔兰·科扬巴耶夫每年年底都会推出他的系列贺岁片《哈萨克生意经》的新一部,以此证明哈萨克斯坦本土制作的电影拥有堪比美国电影的票房号召力。

在奇幻电影方面,第一部影片拍摄于 2012 年,由阿哈特·伊布拉耶夫执导,片名是《传奇之书:神秘森林》。伊布拉耶夫毕业于芝加哥电影学院,他想创作一部具有《纳尼亚传奇》风格的电影,但主人公是哈萨克男孩。片中一些神秘的角色如天鹅、熊、蜈蚣等都是借助电脑图形软件制作的。无疑,这是哈萨克斯坦电影的一个突破,但奇幻题材的进一步发展并没有得到国家电影制片厂的支持。

总之,哈萨克斯坦电影之船上装满了喜剧片、历史片,也有爱国片、剧情片、动作片,此外还有少量的恐怖片和歌舞片。这艘船的最顶层甲板是艺术电影,这些世界知名的电影参加了许多国际电影节,但只占哈萨克斯坦生产的所有电影总数的7％。

哈萨克斯坦电影界足以为年轻电影人们感到骄傲,他们在30—35 岁时就代表哈萨克斯坦参加 A 类国际电影节,并获得了许多大奖。这些电影也被称为"游击队"电影,提出了关于国家、身份和民族文化的问题。总体而言,哈萨克斯坦电影的主要参与者是独立电影工作室,每年的 35—45 部电影中,75％是由独立电影制片人完成的。在艺术电影方面,2019 年的 6 部艺术电影中有 4 部是由独立制片工作室出品的,占 2019 年哈萨克斯坦整个艺术电影产量的 66％。

3.7　哈萨克维吾尔族麦西来普传统文化

3.7.1　麦西来普

麦西来普一直是维吾尔人民传统文化的精髓,是一切艺术题材的摇篮,也是体现维吾尔民族特色的一种文化现象。从历史上讲,麦西来普是维吾尔文化艺术里最早被开垦出来的荒地,开过各种各样的文化之花。抒情的维吾尔歌曲、世界上著名的《十二木卡姆》,以及各种话剧、相声、体育游戏等艺术题材均在麦西来普这个肥沃的土地上发芽、成长并成为永不消失的大树。哈萨克斯坦的维吾尔人正是这种优秀传统文化的继承者之一。

麦西来普有完整的规章制度,并且根据形势的需要和社会事业的需求不断地完善和增加一些新内容。麦西来普的参与者在任何时候、任何地方都严格要求自己,不能违背规章制度。麦西来普场所一般要求禁酒禁烟,反对浪费,谨慎行事。在举行麦西来普时,还要举行一个模拟审判现场,在这里的工作人员严格按照规章制度对好人好事进行表扬,惩罚不道德行为。虽然这些活动多半带有浓郁的喜剧色彩,但它们的教育意义也是不能低估的。麦西来普结束之后,被惩罚者回到自己的乡村参加当地的婚丧活动,帮助老弱病残、孤儿寡女,要取得他们的满意。他们还要参加养护道路和桥梁,修复水利设施,帮助困难户盖房、办丧事、挖坟墓等一系列公益活动。

麦西来普也可以说是一所教育孩子们树立道德观及遵守各种规章制度的学校。通过麦西来普，把社会上正在发生的某些事件正确地解释给孩子们听，提高他们的觉悟，以便他们为国家的兴旺做出贡献，同时也激发青年一代对音乐的兴趣，从而使文化艺术事业得到更好的发展，更上一层楼。

3.7.2　麦西来普的内容

麦西来普分为四个阶段来举行。第一阶段是麦西来普的序目，即，主持人讲麦西来普歌颂的内容，有什么规章制度，讲完后由提前准备好的代表讲话。第二阶段是演出阶段，首先由老一辈艺术家们来唱传统民歌。这些民歌是当地人们非常爱听的，因此能起到振奋人心的作用。然后由青年演员们演唱他们喜欢的流行歌曲，使麦西来普的气氛达到高潮。随着动听的音乐早有人开始跳舞。第三阶段是公审阶段，在这个阶段会对那些违背社会道德观和习俗观的人员进行公审，进行惩罚、罚款或宽大处理。为了更好地强化麦西来普的教育和引导作用，有时也可以通过喜剧表演、小品演绎的形式来揭露不良行为。有时候为了让麦西来普的气氛更加活跃，把那些违背麦西来普规则的人带到台上，并向观众公布原因：如果是为了做好事而迟到或没来，就要号召大家向他们学习；如果是因为自己懒惰睡觉、没有做好个人卫生、家里来客人、喝酒闹事、打架受伤等原因没来或迟到的话，根据其行为的轻重当场宣布惩罚。如：叫他们模仿动物的各种声音、摸鱼、数星星、烤包子，要求不会跳舞的人跳舞等，以强制性的执行方式来完成惩罚。第四阶段又叫古力茶衣阶段（维语里"古力"表示花儿，"茶衣"是汉语茶的音译，引申意思是一种聚会）。这一阶段由管理人员给坐在指定的桌子上的人送茶，喝茶者要评论本次麦西来普的成就及存在的问题。

　　麦西来普的每个阶段大概需要 45 分钟,每个阶段后休息 15 分钟,完成麦西来普的四个阶段大概需要 4 个小时。麦西来普所使用的乐器有手鼓、都塔尔、弹不尔、热瓦普、艾杰克琴、沙塔尔、扬琴。有时有准备的年轻人还会带来小提琴、手风琴、纽扣式风琴、吉他、鼓等欧式乐器,他们用这些乐器来演奏维吾尔民歌和大众歌曲。

　　哈萨克斯坦的维吾尔族通过麦西来普这种娱乐形式继承和发扬优秀文化艺术及道德观,并把这些同新时代的文化和艺术巧妙地结合起来。

3.8　哈萨克斯坦音乐文化——冬不拉

冬不拉是哈萨克族群中流传最广泛和使用最普遍的弹拨乐器,几乎家家有之,人人喜欢之。哈萨克人之所以会选择冬不拉作为族群身份和族群文化的象征,是因为冬不拉在哈萨克族群的生活中扮演着诸多角色和功能,还在历史发展的长河中积淀了无穷丰富的传统乐曲,承载着该族群音乐文化的集体记忆。

3.8.1　冬不拉的由来

冬不拉是哈萨克族古老的民族乐器之一,有关其产生,哈萨克斯坦流传着一则民间传说。很久以前,草原上有一个放羊娃,家中贫穷,父母双亡,靠给一家牧主放羊为生。有一次他在辽阔的草原上放牧,躺在软绵绵的草原上,和煦的阳光照着他的面颊,不知不觉中他就进入了梦乡。然而就在他熟睡的那一刻,一群恶狼将他放牧的羊群驱散,并吃掉了很多头羊。突然,一阵富有旋律感的"腾腾腾腾"声将他从梦中唤醒。他循声觅去,看到被狼吃掉的羊的肠子已经被风干,挂在两根草竿上的肠子正在风的吹拂下发出悦耳的声音。这无疑令其惊喜莫名,以至于忘记了狼吃掉羊后他会被牧主打骂的恐惧。于是他将两根羊肠取回,绑扎在一根弯曲的木弓上,这样可以发出"腾腾腾腾"的如风吹羊肠般的优美乐音,这种声音很受哈萨克族人的喜欢。很多人就模仿该种做法,将羊肠制成琴弦并加上了能够产生共振的音箱,被称为冬不拉。

3.8.2　冬不拉是哈萨克族文化象征符号

在哈萨克斯坦,人们尤其喜欢谈论哈萨克族文化,也喜欢谈论哈萨克族音乐,然而,人们但凡说到哈萨克族音乐,首当其冲就会说到冬不拉。

历史上,哈萨克族是一个逐水草迁徙而居的草原游牧民族。哈萨克人所操持的民族乐器冬不拉也就不可避免地被打上了草原文化的印记。哈萨克族的祖祖辈辈就是在冬不拉的声音中延续的,哈萨克文化也是在冬不拉的两根琴弦上慢慢沉淀的,哈萨克民间的诸多历史传说和英雄史诗也是在冬不拉的伴奏下代代传承的。在哈萨克斯坦,哈萨克人还在娘胎里,就已经在父辈、祖父辈的冬不拉琴声中接受音乐的浸染了。随着年龄的增长,也会在父辈、祖父辈的"手把手"的传授和表演实践中,循序渐进地学习冬不拉演奏和冬不拉乐曲。

在哈萨克人的一生当中,冬不拉既普通又不同寻常。说其普通,是因为冬不拉在哈萨克族群中极为普遍,且大多数人都会弹奏几下,它在该族群中也是司空见惯的一件器物,我们几乎随时随地都可以见到冬不拉手抑或普通民众在弹奏。说其不同寻常,是因为冬不拉在哈萨克族群中扮演着与众不同的重要角色,人们在日常生活中几乎离不开它,它承载着哈萨克族群的文化历史,已经成为该族群的文化象征符号。

冬不拉的声音较为古老,其音色千古未变。千百年来,尽管冬不拉的形制、大小几经变易,但其琴弦主要还是羊肠弦,至今依旧如故。尽管现代人对其改制,演奏方法也花样翻新、变化无穷,但保留了冬不拉千古不易的原始音色。无论我们在任何场合聆听到任何形制的冬不拉的演奏,钻入耳鼓的依然是与古代冬不拉相差无二的音色。可以说,这无疑体现了一个草原族群对一件乐器所发出的声音音色的绝对认同,也体现了该族群对该件乐器的绝对认同,可谓一针见血。在哈萨克斯坦的历史上,哈萨克族群不仅只有冬不拉一件民族乐器,而且流传至今且大多数人都能够演奏的乐器只有冬不拉,其他的很多乐器都已经消失在历史的尘埃中。而在乡间社会有如此多的人能够演奏冬不拉且不乏技艺高超者,证明了它是一件经过了千百年的历史沉淀和无数代人精心筛选的乐器,以至于族群中的任何人都会对之俯首帖耳。

在哈萨克族群当中,冬不拉已不再是一种用手拨奏的普通乐器,而是熔铸为哈萨克人生命中的心灵知己和有灵性的伴侣,它早已成为哈萨克族群乃至哈萨克文化的身份象征。

3.8.3　传统乐曲宝库

哈萨克斯坦的哈萨克族群保留了无比丰厚的冬不拉传统乐曲资源,这已经成为哈萨克族群传统文化的宝藏。在当今的哈萨克斯坦,尽管社会发展日新月异,却有着不计其数的冬不拉演奏家,这些演奏家也都从祖辈那里习得了诸多曾经广泛流传于哈萨克族群历史上的传统乐曲,这些乐曲曾经风靡一时、妇孺皆知,人人喜闻乐见。如今尽管时过境迁,但是哈萨克人让这些乐曲通过家族传承的方式传授给了他们的子孙后代,至今从未间断。同时,这些乐曲也不时地会在演出现场抑或电视晚会上重复表演。哈萨克人对其尤其情有独钟,每当表演,都能引起全体聆听者的强烈共鸣,聆听者参与的情景甚至可以用"火爆"来形容。

每个族群都有着他们自己的历史,也都有着他们自己的传统文化。然而,每个族群也都有着记载和传承该族群传统文化精神的历史使命,可以说,这是一个族群能够永远成为一个族群而不被其他族群所同化抑或安身立命的根本途径,也是留给一个族群永不消逝的集体记忆。哈萨克族选择了弹拨乐器冬不拉,因为冬不拉简单、易于掌握,能够在哈萨克族群众中扮演诸多角色和功能,还在历史发展的长河中积淀了无穷丰富的传统乐曲。冬不拉传统乐曲能够唤起哈萨克族群的集体记忆,频繁的表演也在很大程度上一次次地强化着该族群关于传统音乐文化的集体记忆。

3.9　哈萨克斯坦的电商文化

　　官方统计数据显示,2021 年上半年,哈萨克斯坦网购人数达到 460 万,"无论是绝对值,还是用户比例,哈萨克斯坦网民数量均居中亚五国之首"。2021 年上半年电商市场规模达到 4260 亿坚戈(约合 10 亿美元)。根据哈萨克斯坦贸易部预测,到 2025 年,哈萨克斯坦国内电子商务市场规模有望突破 82 亿美元。网购人数将达到 770 万,网购包裹数量将增至 1.062 亿件。

　　哈萨克斯坦人民收入的增长、较低的人口密度及巨大的国土面积,使其极有可能在互联网及邮购业成为一个新兴国家。自 2021 年 5 月起,哈萨克斯坦用户可在 Amazon、Ozon、eBay 等电商平台进行交易,此举为哈萨克斯坦企业与全球 190 多个国家开展贸易提供机遇。2020 年以来,已有近 100 家哈萨克斯坦企业作为"金牌供应商"入驻阿里巴巴电商平台,累计签订价值 4500 万美元的出口合同。

　　为促进电子商务发展,哈萨克斯坦以国家邮政公司为平台,在阿拉木图、努尔苏丹和阿克托别建立了 3 个物流中心,提供配套服务支持。通过改善邮政服务,物流速度大幅提升。哈萨克斯坦国内包裹派送时间已由 3 天缩短至 1 天,国际包裹由 25 天缩短至 15 天。此外,哈萨克斯坦政府为电子商务从业者制定了税收优惠政策,新政策已经惠及 331 个商家。

　　其中在线销售的产品包括预付费手机、上网卡、多媒体、图书、计算机硬件、电脑外部设备及配件、软件、化妆品、成衣等。2020 年,哈萨克斯坦的卖家中,29.9％来自独联体国家,8.1％来自欧亚经济联盟成员国,11.4％来自欧亚经济联盟成员国之外的第三国。哈萨克斯坦网购用户对国外卖家的商品需求较大。62.8％的用户选择网购服装、鞋类和运动用品,其次为食品(44.9％)、家庭用品(25.5％)、药品(23.6％)及电信服务(19.6％)。

为进一步推动国家现代化,提升国家竞争力,"数字化"被哈萨克斯坦列为国家未来发展的 5 个主要方向之一,政府为此制定了"数字哈萨克斯坦"国家规划。

第4章
吉尔吉斯斯坦

吉尔吉斯斯坦位于亚洲中部，是中亚五国之一。北邻哈萨克斯坦，西靠乌兹别克斯坦，南接塔吉克斯坦，东邻中国。1991年独立，官方语言是俄语。

　　吉尔吉斯斯坦位于欧亚大陆的腹心地带，不仅是连接欧亚大陆和中东的要冲，还是大国势力东进西出、南下北上的必经之地。面积为19.99万平方千米。农产品加工是吉尔吉斯斯坦工业化经济的重要组成部分。吉尔吉斯斯坦人均水资源位居全球前列，有丰富的矿藏，但缺乏石油等。

　　吉尔吉斯斯坦位于天山与阿拉套山之间，广袤的高山草原和长年奔腾的河流为其提供了十分适合于牧业生产的环境，自古以来就有来自不同文明区域的民族群体在这里共同居住生活。吉尔吉斯斯坦的80多个民族大多有游牧生活的历史，"逐水草而居"的游牧文化构成了吉尔吉斯斯坦社会文明的主体特征。吉尔吉斯斯坦民族中，人数最多的是吉尔吉斯斯坦的主体民族——吉尔吉斯族，除此之外，在吉尔吉斯斯坦还生活着乌兹别克、俄罗斯、东干、维吾尔、塔吉克、土耳其、哈萨克、鞑靼和乌克兰等民族。

4.1　吉尔吉斯斯坦艺术

吉尔吉斯斯坦的广阔疆域赋予了吉尔吉斯人民大气、豪迈的民族性格。这片土地经历了风云变迁,这里的人们经历了风霜洗礼,历史的车轮碾过无垠的草原,留下了岁月的痕迹,积淀了深深的文化底蕴,形成了吉尔吉斯斯坦艺术独特的风格。

4.1.1　音　乐

古时候,吉尔吉斯斯坦民间音乐并没有固定的乐谱,而是通过代代传唱流传下来的。这些音乐表达了人们的喜怒哀乐、人与自然的关系以及对自由和平等的追求。吉尔吉斯斯坦民间音乐与突厥民族文化的音乐有紧密的联系。吉尔吉斯人生活在草原,大多以游牧为生,他们在放牧劳作时放声高歌以缓解疲劳和振作精神,同时也通过歌舞来祈祷风调雨顺、作物丰收。

民间音乐分为三种风格——北部风格、中部风格和帕米尔风格。民歌中的内容大多反映了吉尔吉斯斯坦人民日常生活、传统习俗等,有劳动歌曲、儿歌和情歌等。其中情歌在民间音乐中占有特殊位置,其演唱方式多种多样,富有艺术表现力。同时吉尔吉斯斯坦的民族音乐还有冬不拉、横笛、口琴等乐器伴奏,冬不拉的扫弦豪放凌厉,是吉尔吉斯斯坦音乐的核心,体现了游牧部族外向爽朗的个性。

吉尔吉斯斯坦的戏剧已经有百年的历史,与礼仪、民俗、民间艺术等有密切的联系。在十月革命之前,吉尔吉斯斯坦是没有专业剧院的,但当时玛纳斯说唱者、使用库木孜琴和克亚克琴的弹唱者、阿肯等已经大受欢迎,具有一定的声望,这推动了民间剧院的建立。十月革命后,专业戏剧院在吉尔吉斯斯坦建立。1937 年,在伏龙芝市(现名比什凯克市)建立了吉尔吉斯歌舞剧院,它成为吉尔吉斯斯坦最早的音乐文化中心,1942 年该剧院改名为吉尔吉斯国际歌舞剧院,后来杰出作曲家、男高音演唱家阿卜杜拉斯·马尔迪巴耶夫也加入了该剧院。目前,在吉尔吉斯斯坦有吉尔吉斯国立音乐学院等近百所音乐学校,培养了大批人才,为吉尔吉斯斯坦的音乐艺术不断注入新活力。

4.1.2　绘　画

吉尔吉斯斯坦最早的绘画作品可以追溯到新石器时代。在塞伊玛里塔什地区发现了古老的岩画,这些岩画的内容多是牛、羊、鹿等动物形象,以及人和太阳的图案,描绘出当时人们的生活作息。随着时代的进步、人类的发展,吉尔吉斯人的绘画艺术已经成为本民族文化中的瑰宝,形成了自己独特的艺术体系。

20 世纪 30 年代,吉尔吉斯斯坦专业绘画艺术开始发展,当时吉尔吉斯斯坦的国立艺术学校初具规模。1934 年 11 月 16日,吉尔吉斯斯坦艺术家联盟成立。在成立之初,该联盟旗下有 350 名艺术家,涉及 9 个领域:油画、素描、雕塑、宣传画、装饰艺术、纪念碑艺术、舞台美术、民间艺术、造型艺术。1935 年,吉尔吉斯斯坦国家美术博物馆成立,该馆馆藏丰富,其中俄罗斯古典主义绘画藏品尤为出色,馆内现藏有列宾、苏里科夫、马列维奇等油画大师的作品。

吉尔吉斯斯坦有许多优秀的画家。油画家崔可(1902—

1980),毕业于莫斯科国家美术大学,1963 年获得苏联"人民艺术家"称号,是两次"斯大林奖"获得者。他的作品在国立特列季亚科夫博物馆、俄罗斯国家博物馆、吉尔吉斯斯坦国家美术博物馆等都有收藏。写生画家费奥多尔·米哈伊洛维奇·斯图科申(1914—1974)同时也是一位教育家,他是苏联艺术家联盟的成员,一生创作了近 2500 幅画作,其中 61 幅收藏在吉尔吉斯斯坦国家美术博物馆,其他作品在世界上一些国家的博物馆和画廊均有收藏。线条画家和插画家伊琳娜·利季娅·亚历山德罗夫娜(1915—1997),属现实主义画派,她是吉尔吉斯斯坦人民艺术家,苏联国家奖(1971 年)获得者,主要作品有《回归》《吉尔吉斯青年》《森林之歌》《母亲》等。

4.1.3　实用艺术

吉尔吉斯人的游牧生活方式在一定程度上限制了艺术发展,但这个民族也形成了自己独具特色的艺术品位。吉尔吉斯斯坦的实用艺术发展至今已有数百年,它将物质的实用功能和精神上的愉悦功能完美融合。这在人们日常生活中用的饰品、马具、服装、家居用品等上均有体现。吉尔吉斯人的工艺品从未丢失自己的民族性,优秀的艺术传统代代相传。根据所用材料和制作手法将吉尔吉斯实用手工艺术品分为毛毡制品、编制品、绣制品、皮制品、木制品和首饰珠宝等。

毡房(类似中国的蒙古包)是吉尔吉斯人的传统民居,也是吉尔吉斯实用艺术的杰出代表作。它已经成为吉尔吉斯民族的一种象征,吉尔吉斯斯坦国旗上太阳的标记就是根据毡房鸟瞰图设计的。吉尔吉斯人住的毡房是可拆卸的,方便游牧迁徙,其结构为圆形,以木头为支架,外面盖上毛毡,房顶会留一个可活动的天窗,用来通风和采光。毡房会用石头或者木桩固定,以抵抗强风。毡房多是按南北方向搭建,房门多朝东南,毡房大小不一,一般可容纳5—8人。房内陈设简单而不失精美,内壁挂着围布或挂毯(上面绣着各种花纹,并用植物浆液染上颜色),地上也会铺着地毯或者动物毛皮,房内没有床,人们直接睡在地毯上。吉尔吉斯斯坦的毛毡颜色各异,上面画有吉尔吉斯族特色的花纹。每个毡房都是按照传统工艺标准制作的,但各有不同,通过毛毡的形状和毡房内部装饰是不可能找到两个一模一样的毡房的。

现在人们生活方式改变了,毡房只会在庆祝节日时架起,但出现了一些毛毡手工艺品。毛毡材质多是纯羊毛,由手工艺人手工缝制、勾画、着色、刺绣等。毛毡制品有精美毛毯、时尚毡帽、小毛毡房、各种毛毡动物以及穿着民族服饰的毛毡娃娃。毛毡手工艺品已经成为外国游客争相购买的纪念品,还有一些收藏家会专门收藏这些手工艺品。

编制品主要是用植物的茎、柳条和着过色的羊毛线编织而成的席、垫、花篮以及其他装饰品。吉尔吉斯人一般在9月采集植物的茎,这时植物的茎水分少,结实耐用。编制品的编制手法不一,花样繁多,编织品有带花纹的和不带花纹的,花纹多为红、蓝、白的八角形对称图案。同时,编制品也是传统毡房的重要组成部分,可以用作屏风,也可以放在毛毯底下,用来防潮,在夏天时可作为凉席使用。

古代吉尔吉斯人利用游牧时常见的兽皮制作生活用品以及装饰品。现在吉尔吉斯人将这个传统继承下来,不仅用兽皮制作衣服鞋帽,还制作水囊、箱包和马具等。

木制品通常用榆树、杜松、杨树和野樱桃树根制成,上面会用各种植物浆液着色,这种颜料不会对人体健康构成危害。吉尔吉斯人的传统乐器库木孜琴和克亚克琴都是木制品的典型代表。现在吉尔吉斯斯坦的木制品制作技艺已经非常精湛,吉尔吉斯人先把木料的表面打磨光滑,再用刻刀雕出镂空花纹,用各色颜料画上精美图案。这样制成的手工艺品不仅实用,还有观赏价值。

吉尔吉斯斯坦的珠宝首饰也有很高的艺术价值。在吉尔吉斯斯坦的国内珠宝市场上多为带有吉尔吉斯民族特色的金银饰品,有制作精良的戒指、手镯、耳环、项链和头饰等。因为吉尔吉斯人认为金属有自愈能力,因此这些饰品上有象征天空、水、大地等的图案,以此来表示更加亲近自然。现在吉尔吉斯人的首饰不再作为护身符或符咒,而是仅仅作为一种配饰。设计师会加入一些其他元素,例如,玛瑙、玉石和钻石等,并精心雕琢,将这些元素加入作品中。吉尔吉斯的饰品在世界上的很多国家都受到追捧。

4.1.4 雕塑艺术

在吉尔吉斯斯坦的每个城市、小镇、乡村都有雕塑,各具特色的雕塑已经成为各地的地标。雕塑按性质可分为:陵墓雕塑、宗教雕塑、民俗性雕塑、人物雕塑、纪念碑等。雕塑按材质可分为:青铜雕塑、石雕、不锈钢雕塑等。

胜利纪念碑在众多雕塑作品中极具代表性,坐落于比什凯克市胜利广场。这座纪念碑建于 1985 年,是为纪念卫国战争的胜利而建的。纪念碑的造型来源于游牧民族毡房弧形骨架,三个高大的弧形柱子交汇作为支架,由圆形花环连接,中心是一座长明火坛,红色的火苗时刻在坛中燃烧着。节假日里,青年男女常在胜利纪念碑前举行结婚典礼,并在长明火坛前献上一束鲜花,以表示对革命先烈的祭奠之意。

胜利纪念碑下竖立着英雄母亲雕像,她头上扎着围巾,右手托着一只碗,面带忧愁,目光飘向远方的广场。广场的右边是一对机枪手的雕塑,一个扛枪筒,一个背枪轮,提着子弹箱。广场的左边,有两个士兵和两个孩子的雕塑,其中一个士兵肩扛着小女孩,四人面带微笑,充满胜利的欢乐。三尊雕塑反映了吉尔吉斯斯坦人在第二次世界大战中的情形。

4.2　吉尔吉斯斯坦风俗

4.2.1　与婚姻有关的风俗习惯

吉尔吉斯人的婚姻不受民族、部落限制,但盛行父母包办。一般有指腹婚、摇篮婚、幼年婚和成年婚等,早婚现象比较普遍。吉尔吉斯人对待婚姻一直都秉承严肃认真的态度。与订婚和婚礼有关的习俗是其民族文化中独一无二的,同时也是吉尔吉斯人所有仪式中内容最丰富的。

在婚前男女双方要见面,男方及其亲属要很早到女方家附近等待。女方家人会为新人见面专门搭建一个新的帐篷,女方会和自己的好朋友们一起在帐篷里等待男方。在进帐篷之前,男方要在所有亲朋好友的注视下通过一个小窟窿将女方头上的装饰击落。如果第一次没有成功,那还有几次可以尝试的机会。这之后才会安排两人见面。双方的见面活动要持续到天亮,其间会准备很多有意思的游戏和活动。在正式举行婚礼前的 15 天,男方要宴请女方的家族。在男方父母到来时,女方父母要举行隆重的酒宴,在酒宴上,男方为女方家奉上彩礼,女方父母也要为女方准备嫁妆。

在举行婚礼以前,女方的亲人会举行一个仪式,把女方的辫子拆开,梳成已婚妇人的发型,这也是向人们告知,她即将要结婚了。举行婚礼的当天,新娘在嫂嫂或弟媳的陪伴下前往新郎家。一路上,新娘要放声大哭,向人哭诉,表示不愿意离开娘家。这也是婚礼的习俗之一。当女方到了男方家以后,要举行一些仪式,比如换上婚礼的服装,戴上白色的缠头巾(吉尔吉斯人认为,白色象征纯洁和幸福)。婚后,对女方而言有很多禁忌,比如女方不能直接称呼丈夫亲戚的名字,要用其他合适的词语替代,而且在整个婚姻存续期间,妻子都要保持这样的称呼。除此之外,妻子不能背对丈夫的亲戚而坐,不能大声说话,不能不戴头巾,并避免与丈夫的年长亲属直接见面等。

根据传统习惯,女孩嫁人以后就要离开自己原来的家族,一般一年可以回家一次,可以住几日或者几个月。如今,婚礼的很多形式和习俗都更加丰富、更加现代化了。

4.2.2　与分娩及新生儿有关的风俗习惯

吉尔吉斯人认为,繁衍子嗣是最重要的事情,如果一个家庭中有 10 个或者更多的孩子,会被认为是极其幸福的事。吉尔吉斯人把妇女分娩视为家庭生活中最重要和最快乐的事件。在新生儿降生以后,族长和年长的妇女们要为新生儿祈祷。他们认为,孩子是家族及其传统的继承者,是本民族兴旺永存的象征。因此在分娩之前,孕妇会得到充分的照顾和保护,不从事繁重的劳动,没有人陪伴孕妇不能独自走出村庄。孕妇必须把一种名为"图玛尔"的护身符(这种护身符上写有摘自《古兰经》的用于保护妇女的格言)挂在左胸前、肩膀附近。在分娩期间,产妇所住的毡房内要昼夜生火。火炉旁平放一把刀,且刀锋要朝向门。另外,还会在产妇的头上悬挂一支装有弹药的火枪。这一切都是为了保护产妇免遭魔鬼的危害。

婴儿出生以后要举行一些仪式,首先要告知大家这一喜讯,之后会得到大家的祝贺和礼物。为庆祝新生儿降生会准备大型的酒宴,给新生儿起名字具有很特殊的意义。人们给新生儿的摇篮里或衣服上挂上各种护身符,主要目的是驱魔辟邪,通常护声符是动物或鸟类身体的一部分或是用珠子制成的物件。

　　婴儿出生后 40 天内不许见生人。满 40 天那日,亲朋好友都来祝贺,主人宰羊待客。婴儿全身洗净后被隆重地放入摇篮,这成为一种入摇篮仪式。依照风俗习惯,婴儿第一顿饭是吸吮用微火煮沸的黄油。人们给他穿上第一件小褂——狗褂。这件小褂是用从一个男性老者或一个多子女的、受人尊敬的女性老者穿过的内衣上扯下的白色碎布缝制成的。这件小褂做成后先让小狗穿一下,然后再让新生儿穿,狗褂便因此而得名。所有做法都是希望新生儿长命百岁、生活幸福、体魄健康和意志坚强。按照风俗习惯,妇女不能给新生儿起名字。只有村庄德高望重的人才有资格给新生儿起名字。

4.2.3　与服饰有关的风俗习惯

　　吉尔吉斯人的传统服装是其整个民族文化的重要组成部分。男子的传统服装上身是长袍,罩羊皮袄;下身是布料长裤,冬天则穿皮裤;脚穿皮靴或毡靴。吉尔吉斯斯坦服饰中最重要的元素和最大的特点就是古老的头饰——卡尔帕克尖顶帽。这种帽子用四个楔形的白毡做成,帽里的下沿镶一道黑绒,向上翻过来,并在左右两边各开一个口,帽顶呈四方形,缀有珠子和缨穗。这种卡尔帕克毡帽是吉尔吉斯人与其他民族相区别的一大标志。妇女一般穿色彩鲜艳的宽大连衣裙,外罩针织丝绒或长绒的长袍或小坎肩,下配灯笼裤,长袍外面束一条开襟的绣花围裙。脚穿软皮鞋,外套胶皮套鞋。青年妇女一般喜欢红、绿色头巾,老年妇女多用白色头巾。现在,吉尔吉斯人已普遍穿现代服装,只有老年人及一部分中年人仍喜欢穿传统的民族服装。

吉尔吉斯人大量的风俗习惯都与传统的民族服装有关。他们认为,随便抛掷帽子、拿错帽子或者走路不戴帽子都是很不礼貌的,并且人们也不能从衣服上跳过。

4.2.4　饮食习俗

吉尔吉斯人特别爱吃羊肉,尤其喜欢烤全羊,日常以馕为主食,对手抓饭也颇为喜爱。用餐时,除在官方场合使用刀叉外,一般多以右手抓取事物。吉尔吉斯人在做饭和吃饭方面至今还保留着不少古代的风俗习惯。例如,在用铁锅煮肉时,首先向沸腾的水中投入一块桡骨,然后再倒入肉块。吉尔吉斯人热情好客,如果被邀请去别人家里做客,那么一定要为主人准备鲜花或者水果。进入房间之前,要先脱下鞋子。主人会在地上铺上一大块布,客人们围坐一圈,有时也可能在户外用餐。需要注意的是,在用餐时只能用右手拿食物。

在吃肉时,客人按两人、三人或者四人一组坐。主人依照来宾的社会地位或亲属辈分给每人都送上相应的熟肉块。进餐者必须从自己的盘子里取肉吃。在进餐时,如果刀子不够用,进餐者可以互相使用刀子。在这种情况下,送刀子给别人时,一定要让刀把对人;如果把刀子送回主人,那刀尖上要扎一块肉。进餐前主人和客人都不得走出毡房洗手。为此,主人家的一个小男孩开饭前会提着水壶从左至右来回给进餐者浇洗手水,而饭后则从右至左或者从室中心到门口来回给人浇洗手水。

4.3 伊塞克湖

伊塞克湖位于吉尔吉斯斯坦境内、天山山脉北部。湖平均深度 278 米,最深处 702 米。伊塞克湖为世界上最大的山地湖泊之一,以其壮丽的景色和独特的科学价值而著称。湖泊面积约 6300 平方千米,为不冻湖,湖水清流澄碧,素有"上帝遗落的明珠"之称。湖中有 20 多种鱼,湖的东、西岸是水鸟过冬之地,过冬鸟主要有潜鸭、绿头鸭、秃头蹼鸡和水鸭等。1948 年,吉尔吉斯斯坦在此建立了伊塞克湖野生动物保护区。

2018 年,第三届世界游牧民族运动会在吉尔吉斯斯坦在伊塞克湖畔举行,这是一场由游牧民族参加的国际运动会,这一盛会大大提升了吉尔吉斯斯坦对各国游客的吸引力。自 2012 年首届世界游牧民族运动会成功举办以来,参与该活动的国家和人员的数量持续增长,比赛项目也逐渐丰富。尤为重要的是,这一大型体育赛事吸引了全球媒体的关注,吉尔吉斯斯坦的发展建设成就、该国保护和传承游牧民族传统文化的努力以及为建设和发展丝绸之路做出的贡献等越来越多地进入全球公众的视野。在《孤独星球》发布的 2019 年最佳旅行目的国家榜单中吉尔吉斯斯坦名列前 5。

吉尔吉斯斯坦与中国、哈萨克斯坦一起成功申报了联合国教科文组织世界遗产名录"丝绸之路:长安—天山廊道的路网"。历史上,从长安出发的商贸驼队越过天山,穿过哈萨克斯坦东南部的天山谷地,就来到吉尔吉斯斯坦北部地区,然后继续向目的地进发。不仅驼队开辟出 5000 多千米的贸易通道，随行的史学家、学者、诗人亦为促进跨文明对话，新城市、新传统和新风俗的形成做出了积极贡献。他们在历史典籍和文艺作品中热情讴歌吉尔吉斯斯坦的蓝色明珠伊塞克湖，中国史书称之为"热海"。如今，伊塞克湖是生态游爱好者最为向往的胜地之一。

伊塞克湖底隐藏着无数秘密。湖水纯净透明：白天，湖底古老城池的断壁残垣清晰可见；夜晚，平和如镜的水面倒映出漫天星光。每年有 100 多万名游客到访伊塞克湖，他们徜徉于湖光山色之间流连忘返。伊塞克湖周边有许多历史文化遗迹，北岸山岩的壁画带来往昔岁月的讯息，南岸各色黏土、矿物质和山岩交错的峡谷因景色瑰丽而得名"神话谷"。卡拉乔利湖（吉尔吉斯语，意为"黑湖"）因湖水具有医疗保健功效而广受游客欢迎。

吉尔吉斯斯坦政府出台的《2019—2023 旅游业发展纲要》鼓励依托伊塞克湖发展旅游行业，让更多外国游客领略吉尔吉斯斯坦优美的自然风光和丰富的历史文化底蕴。萨拉-切列克斯国家生物保护区，玛纳斯、乌尔根、沙赫-法吉利、布拉纳塔楼等历史文化园区，苏莱曼托自然公园都是游客的好去处。

4.4　吉尔吉斯斯坦的电影

当代吉尔吉斯斯坦的电影具有浓厚的民族特色,在视觉传达上非常出色,以 20 世纪 60 年代"吉尔吉斯奇迹"的电影为主要支柱,代表性的导演包括托洛穆什·奥凯耶夫、博洛特别克·沙姆希耶夫、根纳季·巴扎罗夫和梅利斯·乌布克耶夫。每年生产近 40 部故事片,虽然拥有一个国家电影制片厂,即吉尔吉斯电影制片厂,但大部分电影都是私营公司制作的。不过,吉尔吉斯电影制片厂参与了更多严肃项目的创作。对电影产业发展有重大影响的是所谓的"八人团":2005 年,一批 40 多岁的电影导演联合起来制定了吉尔吉斯斯坦电影的发展战略。

到 2010 年,吉尔吉斯斯坦已每年至少能完成 10 部以上的优秀电影。从 2020 年的情状来看,每年出产的影片已经达到了 35—40 部。这一战略还认为,培养年轻的电影人是首要任务,因此也开设了培养年轻人制作电影的新课程,这些课程为期几周到 10 个月不等,专注于培养年轻人制作电影。

吉尔吉斯斯坦的民族电影在苏联时期如此光明和多样化,在很大程度上,要归功于当时吉尔吉斯斯坦和苏联最有影响力的作家钦吉兹·艾特马托夫。不仅因为很多电影都是根据艾特马托夫的小说改编的,而且因为他为民族文化的再现设立了很高的门槛。吉尔吉斯斯坦的电影导演们在拍摄电影的时候,都试图达到让吉尔吉斯斯坦文化走向国际舞台的高标准。

从 2012 年起,吉尔吉斯斯坦的最佳电影会获得"雪豹"国家电影奖。此外,国家还开办了一个创投平台,最出色的电影项目会在平台上得到指导和资金支持。创投平台推动电影在吉尔吉斯斯坦这样一个小国作为一种艺术形式而持续存在,而这个国家实际上已经 20 年没有为电影提供任何补贴。

一批吉尔吉斯电影人在国际电影界很有名气,而新一代的吉尔吉斯电影人从他们的导师那里学习并制作他们最初的电影作品时,被要求必须达到电影创作的高标准,这一结果也经常让他们比老师更加优秀。吉尔吉斯斯坦电影的发展堪称活力四射、欣欣向荣:老一辈的电影人在照顾年轻的电影人;国家对电影制作过程给予力所能及的补贴;电影人在国际舞台上展示吉尔吉斯斯坦的民族文化;吉尔吉斯斯坦的男女老少带着极大的兴趣去电影院观看自己国家制作的电影。这些都是吉尔吉斯斯坦电影人取得的实实在在的成就。

乌克兰 第5章

乌克兰位于欧洲东部，是欧洲除俄罗斯外领土面积最大的国家，是苏联15个加盟共和国之一，是仅次于俄罗斯的第二大加盟共和国。在1991年苏联解体后，乌克兰独立。

　　乌克兰南临亚速海和黑海，北与白俄罗斯毗邻，西与波兰、斯洛伐克、匈牙利、罗马尼亚和摩尔多瓦诸国相连。面积60.37万平方千米。其工业发达，是苏联重工业和军事工业中心。乌克兰作为世界上重要的市场之一，是世界上第三大粮食出口国，素称"欧洲的粮仓"，拥有全世界面积最大的黑土地。

　　乌克兰人口为4773万（2021年），大约有130个民族，乌克兰人占72%，俄罗斯人约占20%，其他为白俄罗斯人、犹太人、鞑靼人、摩尔多瓦人、波兰人、匈牙利人、罗马尼亚人、希腊人、德意志人、保加利亚人等。官方语言为乌克兰语，通用乌克兰语和俄语。主要宗教为东正教和天主教。

5.1　首都基辅

　　乌克兰首都基辅是乌克兰经济、文化、政治、科学中心,地处乌克兰中北部,坐落在第聂伯河中游两岸。其重要的地理位置和悠久的历史自古罗斯时期就有记载,曾有"罗斯诸城之母"之称,它是东斯拉夫人建立的最古老城市。

　　基辅市区有数十条林荫大道及数百个街心花园和草坪,一幢幢现代化的建筑掩映在绿树和花丛中,基辅因而赢得了"花园城市"的美名。基辅具有悠久的历史。考古表明,基辅始建于公元 5 世纪下半叶。10—11 世纪,基辅十分兴旺,被称为第聂伯河上的"帝王之城"。到 12 世纪,基辅发展成为欧洲的主要城市,拥有 400 多座教堂,教堂艺术和手工制品闻名遐迩。1934 年,基辅成为独立的乌克兰国家首都。

　　基辅市中心是旧城区,坐落在第聂伯河右岸。尽管旧城区的很多建筑为战后所建,但仍保留着旧街道格局,市内的大部分历史建筑也都集中在这里。这里有两座闻名于世的教堂,一座是基辅洞窟修道院,一座是圣索菲亚大教堂。

5.1.1　基辅洞窟修道院

　　基辅洞窟修道院是欧洲东正教最神圣的寺院,始建于公元 1051 年,在之后的 9 个世纪经不断扩建形成现在的面貌。基辅洞窟修道院建教堂之前已有修道士在此地洞窟内修行生活。其中彼切尔洞窟修道院是最著名古迹之一,占地 0.28 平方千米,内有许多教堂及博物馆。历史上,教士死后,其尸体大多保存在洞穴内。由于洞穴内特殊的气候环境,这些尸体自然风干成木乃伊。而木乃伊被认为是奇迹,是神的力量的体现,修道院也因此声名远播。现在基辅洞窟修道院内共保存有 125 具木乃伊。

除教堂外,教堂群还有大钟楼、珍宝博物馆和微雕博物馆等景点。基辅洞窟修道院于 1990 年被联合国教科文组织列入《世界遗产名录》。

5.1.2 圣索菲亚大教堂

圣索菲亚大教堂是东欧最著名、最宏伟的十三顶教堂区。教堂始建于 11 世纪上半叶,以其独特的建筑风格和保留至今的 260 万平方米镶嵌画、3000 平方米湿壁画闻名于世。教堂内部的壁画、雕塑、琉璃窗在当时乌克兰文化发展中起了非常重要的作用,这些艺术元素对乌克兰的文学、绘画、制图、建筑、应用艺术甚至图书发行等诸多方面都产生了巨大的影响。1990年被联合国教科文组织列入《世界遗产名录》。

5.1.3 "黑海明珠"——敖德萨

敖德萨为乌克兰敖德萨州首府,位于乌克兰南部的德涅斯特河流入黑海的海口附近,是黑海沿岸最大的港口城市和工业、科学、文化及旅游中心。敖德萨气候宜人,温度与湿度适中。由于天然海港常年不冻,在水路运输方面占有重要地位,被誉为"黑海明珠"。它与世界上 60 多个国家的 200 多个港口有来往,承担着 50% 以上的对外贸易货运任务。

敖德萨城建于 1415 年,原是鞑靼人的一个居民点,称卡吉贝伊。1795 年起改称敖德萨。现在的城市设计形成于叶卡琳娜二世时代,效仿彼得大帝兴建圣彼得堡的建筑特点而修建,是"通向黑海的窗口城市"。

敖德萨是乌克兰最美丽的城市之一,是驰名世界的旅游和疗养胜地。城市建筑新颖而雄伟,风格各异。从市中心半圆广场通向海边的"波将金"纪念石阶共有 192 级,宽达 30 米,这是为纪念 1905 年的"波将金"军舰起义而命名的。海滨林荫道两侧有建于 19 世纪的沃伦佐夫宫、波托茨基宫、市杜马、新旧证券交易所等。此外还有泥疗地,到这里可以进行泥疗、盐水疗、海水与人造矿泉水浴疗及海水浴、日光浴和空气浴等。

5.1.4 乌克兰国家歌剧院

乌克兰国家歌剧院建于 1867 年,是加盟共和国时期的苏联三大歌剧院之一,也有文献记载是欧洲四大歌剧院之一,是乌克兰最著名的艺术演出场所。该剧院见证了俄国历史上一起重大事件。1911 年,陪同沙皇尼古拉二世到访基辅的俄国首相斯托雷平(1862—1911)正是在这个剧院被无政府主义者刺杀身亡的。

5.1.5 国立基辅大学

国立基辅大学全名为"基辅塔拉斯·舍甫琴科国立大学",是为纪念乌克兰著名诗人、画家、思想家塔拉斯·舍甫琴科(1814—1861),在 1939 年以他的名字命名的。

国立基辅大学创办于 1834 年,是乌克兰最著名的综合性大学、欧洲十大名校之一,在世界大学排名中居前 20 位。基辅大学有一座建筑非常特别,全部被涂成了血红色,被称为"红楼",是基辅的重要景点。

5.2 乌克兰的教育

乌克兰的教育举世闻名,高校云集,世界著名大学多达 100 多所,其中许多院校具有 100 多年的历史。如位列欧洲十大名校、世界高校 20 强的国立基辅大学;在化学工程、新型材料等学科方面领先世界的基辅工学院(现为乌克兰国立科技大学);拥有欧洲十大建筑系之一的乌克兰建筑工业大学;被称为国际医生摇篮的文尼察医科大学和基辅医科大学;在世界航空类大学中名列前 3,接收过世界上 100 多个国家留学生的基辅国际民航大学;建于 1804 年的国立哈尔科夫大学,其不仅是苏联第二所大学(第一所大学为莫斯科大学),而且直到今天俄罗斯莫斯科大学物理系的教授们也几乎全部出自该校;培养了我国科技部原部长朱丽兰的敖德萨大学;油画艺术、艺术设计在苏联引领潮流的乌克兰基辅美院和利沃夫美术学院;蜚声世界的柴科夫斯基音乐学院、基辅音乐学院;等等。

5.3 饮食习惯

按乌克兰人的习惯,午餐、晚餐通常有三道菜。头道、第二道为主菜。头道菜是热汤类,如红甜菜汤等。第二道菜一般是肉、鱼、蛋制品。第三道通常是水果、甜食或饮料。在吃头道菜前,还可以有冷盘。面包主要在上头道菜时食用。

乌克兰人以面包、牛奶、土豆、牛肉、猪肉和乳制品为主要食物,爱吃白面包、黑面包、薄饼、黄油、酸牛奶、酸黄瓜、鱼子酱、咸鱼、西红柿、干酪等。汤菜有甜菜汤、土豆汤。他们一般不吃乌贼、海蜇、海参和木耳。饮料有格瓦斯、茶、咖啡等。他们爱饮伏特加酒和啤酒。

乌克兰人十分讲究餐具的使用,也非常注意用餐的礼节。他们认为只有等饭菜端上餐桌时才能打开餐巾,餐巾应当铺在两膝上,而不应当围在脖颈上。用餐后,纸巾要叠好放在盘子里,而餐巾则要放在桌子旁边。做客用餐时,必须等到女主人把餐巾搁在一边,才意味着宴会结束,客人才可以离开餐桌。

餐刀和餐叉是乌克兰人用餐必需的餐具。他们一般右手拿刀,左手拿叉。当嘴里在嚼食物时,刀叉应当拿在手中,而双手要放在桌上不动。手中的刀叉要拿在盘子的上方,要和盘子差不多保持水平。在用饭过程中,如需要放下刀叉,应将它们十字交叉架放在盘子上或把它们的尖端分别搭在盘子的左右边缘上,以免弄脏台布,用过而不再需要的刀要横放在盘子上。

5.4 自然资源

乌克兰的自然资源十分丰富,它不仅拥有大片肥沃的"黑土带"(占全世界"黑土带"总面积的30%),而且蕴藏着80余种矿藏资源,如沥青、无烟煤、铁、锰、铬、钛、铅、锌、铝、汞、镍和一定量的天然气和石油,其中沥青和无烟煤均占苏联总储藏量的60%。

顿巴斯是苏联最大的煤田之一,已探明储量为420亿吨。克里沃罗格的铁矿储量为260亿吨,居苏联的第2位。乌克兰森林资源较为丰富,占领土面积的15.9%,跨越三个植被带:森林沼泽带、森林草原带和草原带。

乌克兰有自然保护区和天然国家公园23个(面积为7719平方千米),其中自然保护区14个、地球生物层保护区3个、天然国家公园6个。在克里木半岛南部黑海沿岸约10千米长的狭长地带,可以看到独特的自然景观,落叶林与常绿的草地灌木丛在这里并存。由于环境优美、气候温和适宜,乌克兰成为世界著名的旅游度假胜地之一。乌克兰主要有松树、柞树、云杉、冷杉、椴树、槭树、白桦树等。

5.5　乌克兰旅游

在乌克兰,有充分的基础在乡村地区发展强大的旅游业,这不仅能引起国内游客的兴趣,还能吸引很多外国游客。众所周知,从远古时代到今天,广袤的土地资源、风景如画的景色和温和的气候是乌克兰的财富。

乌克兰整个国家适于旅游的区域面积约占 13%。根据统计数据,乌克兰拥有足够的适合绿色旅游、放松休息和探险的独特又迷人的自然景观,这些自然景观又与当地的文化和自然古迹相结合,如喀尔巴阡山区、天然瀑布、岩洞等。

5.5.1　特色景点

乌克兰乡村绿色旅游推介联合会主席弗拉基米尔·瓦西里耶夫、绿色旅游门户网站(环绕世界)创办者奥列格·米希和科学技术协会"旅游信息中心"领导人弗拉基米尔·萨鲁克罗列出了乡村绿色旅游最驰名的地点,主要有:

5.5.1.1　外喀尔巴阡州

外喀尔巴阡州位于喜聂微尔林中旷地,喜聂微尔湖是乌克兰七大奇迹之一。接待旅游者的庄宅坐落在美丽的大自然中,这里有新鲜空气、泉水、森林蘑菇和浆果,可骑马游玩,冬季还可以滑雪。

5.5.1.2　伊万诺-弗兰科夫斯克州

"尤里·莫特鲁克庄宅"(鞑靼理夫村)在普鲁特河河岸,四边是森林,山间空气干净、气候温和。娱乐活动有骑马游玩、攀登到喀尔巴阡山的顶部、采摘蘑菇、滑雪等。

"Садиба родини Синітовичів"("细泥妥微其家庄宅",又称韦尔霍维纳村)是在 2007 年开业的,娱乐活动有骑自行车游玩和骑马游玩,在冬季还可以滑雪。

5.5.1.3　基辅州

"Садиба атамана"("哥萨克军长官的庄宅",又称古塔村)是 16 人迷你酒店,周边有森林、田地、湖与天鹅,离罗西河不远。游客可品尝农家制成的菜肴,也可进行野餐。娱乐活动有打猎、钓鱼、卡拉 OK、骑马、驾驶雪橇、骑轻车。

"外罗西河地区"(博胡斯拉夫市)是在罗西河河岸位置的大砖房。这里有兔肉、无害环境蔬菜和水果制成的菜肴。娱乐活动有采摘森林蘑菇和浆果、骑马、钓鱼、游览。

5.5.1.4　利沃夫州

"Карпатськ полонини"("喀尔巴阡俘虏",又称奥丽夫村)的庄宅群海拔为 939 米。条件优越的单独小房(8 个房子)能安置 47 个人。这里离最近的居民点有 7000 米。迷你酒店有自己的滑雪拖车绳(250 米)。娱乐活动有骑山地自行车、骑马、采蘑菇和浆果、钓鳟鱼。庄宅院里有宠物和家禽,还有台球台、壁炉和烧烤区。

"伊戈尔·搞理其克招待所"(特鲁斯卡韦茨市)是 2 间木房,据说这里的本地泉水"娜富土侠水"可以促进身体排出小石头和沙子,帮助肾脏新陈代谢正常化,改善胃肠道和胰腺。娱乐活动有骑马、骑自行车、采蘑菇和浆果以及开展林场活动。

5.5.1.5　敖德萨州

"Білочі"("碧罗其",又称舍尔沈慈村)在树亮悬崖,总面积

2000 平方米左右。房子后边是长满药材的珍稀物种山,附近有小河、饮水泉、养蜂场和人造池塘(可以钓鱼)。此地 50 千米半径以内没有任何工业项目。娱乐活动有在舍尔沈慈村坐车游览天使长米迦勒教堂、水磨坊、神奇水的先生井、岩溶洞;在峈尼忞克夫村游览参观石灰石矿和卡尔灭柳克的峒,了解民间工艺品,听大师讲课。

"萨肥吁泥"(芯聊野夫卡村)在都龙湫渴河河岸。娱乐活动有当地的向导用现代快艇送游客去河岛进行生态游览,在河滩地狩猎野鸭、野雁。

5.5.1.6　波尔塔瓦州

"Понад ставом"("在池塘边",又称桦木陆得卡村)庄宅位于18—19世纪的宫殿建筑群旁边。房间是按乌克兰风格装饰的。

"Садиба Федіна Миколи"("秘阔落·菲丁庄宅",又称季坎卡)位于风景如画的河湾河岸。房子里有壁炉、宽敞的阳台、舒适的餐室和会客室,还有小池塘和果园,池塘里有鲫鱼。娱乐活动有钓鱼、打猎和参观波尔塔瓦州的名胜古迹。

5.5.1.7　赫尔松州

"白鸥"(戈拉亚普里斯坦村)庄宅群位于白鸥河河岸。建筑群是在 19 世纪按照宾馆风格建造的。娱乐活动有乘船游览、骑自行车游览、钓鱼。海边距庄宅有一个小时的车程。

5.5.1.8　切尔卡塞州

"Кобзарева колиска"("科布扎里袋",又称莫林慈)是 10 个人的庄宅,是按谢甫琴科世纪风格房间创建的,里面收集了 19 世纪农民的家庭用品,一切用品均可以使用。其附近有湖、花园、浆果植物、悬钩子丛。娱乐活动有参观莫林慈狩猎场。

5.5.2 乡村绿色旅游

乌克兰乡村具有劳动能力的人数为 640 万,其中一半(300 万人)被列为失业人员,超过 50 万人被正式登记为失业人员。如此高的失业率迫使人们独立解决自己的就业问题,从而激活了乡村旅游的发展动力。由于这项活动不需要法律服务的特殊费用,因此乡村居民的积极性非常高,私人酒店服务的发展刺激了当地经济,形成对当地商品、纪念品和服务的需求,为乡村地区带来额外的收入。这改变了乡村企业家和村民的状况,使他们成为满足消费者需求的优质旅游服务的生产者和供应者。

乌克兰绿色旅游发展最活跃的地区在西部地区,那里有森林、珊瑚,离环保项目众多的西欧也很近。乌克兰与国际基金就发展乡村旅游的问题积极合作。如美国项目 USAID"地方投资和国家竞争力"、德国技术合作局和联合国一体化发展计划署为伊万诺-弗兰科夫斯克州长期以来一直提供财政支持。通过将这些获得支持的项目进行目录公布,可以让庄宅主出国学习经验。乌克兰绿色旅游最主要的难题不是缺钱,而是缺少信息、正面的例子和经验。

2017 年 5 月 23 日,乌克兰政府通过针对发展乡村绿色旅游的《乌克兰个人农场法》。法案对乡村绿色旅游的法律定义又补充了以下一点:"自愿地收费或免费提供乡村绿色旅游服务,包括不超过 10 个卧铺铺位住所、饮食,以及使用个人庄宅财产、本地传统友好的服务。"按该法案,行政机关和当地政府将负责协助庄宅对个人庄宅成员进行乡村绿色旅游方面的专业培训。

5.5.3　纪念品

乌克兰纪念品是具有乌克兰特色和民族传统的小商品,是带有哥萨克人图案的制品,如穿着民族服装的娃娃、彩蛋,有向日葵的传统小屋。乌克兰的纪念品市场还很年轻,市场的基础设施已经形成,但日益增长的游客需求需要当地扩大产品的种类。这些纪念品由乌克兰生产商进行生产,如 Panda UA、Etno Souvenir、Folk Mart,以及当地的一些工匠。

除标准产品外,乌克兰生产商可以宣传自己的独特纪念品,这些纪念品传达了国家精神、文化和历史。其中许多都是艺术真实样本的例子,是国家的名片,知名度极高。它们由天然、环保的材料制成,许多产品上具有鲜花的图案。对于乌克兰人来说,鲜花是大自然真实的馈赠。

带有民族风格的装饰器皿十分吸引外国人,如手工雕刻的木制餐具,精致的雕刻还出现在其他厨房用品上,如面包盒、糖罐、菜板、纸巾盒。这些产品不怕水和光照。

彼得里科夫斯基彩绘是世界著名的复杂技术。将各种洋甘菊、玫瑰和天竺牡丹的图案绘在以黑色为背景的器皿、首饰箱和饰品上,制作出带有彩绘的木制器皿和装饰品。

许多游客专门来买陶器,因为用陶器烧菜更有口感。由于黏土具有不寻常的性质,陶器不能用来炒菜,而是用来焖制菜肴的。陶罐和带彩绘的碗可以在烤箱和微波炉中使用。

乌克兰的另一张名片是乌克兰刺绣。它美丽的图案令人吃惊,即使用在现代服装上也很合适,如 T 恤、牛仔裤。许多游客都很乐意购买一件以乌克兰人的风格设计的民族绣花衬衫。传说它可以带来安神的效果并保护主人。

花环是由花和丝带制成的传统头饰。每一朵花都有自己的寓意,这是游客最喜欢的旅游纪念品。而乌克兰人至今仍然在一些节日和庆祝活动中用花环来装饰自己的头部。

　　不寻常的"家神"娃娃吸引了众多游客的目光。根据乌克兰人的信仰,为了确保正常的家庭生活,屋子里需要一个保护者。"家神"是有逗笑娃娃形象的屋子里的保护者,这些娃娃守护家庭并给家庭带来富足。

　　大多数乌克兰纪念品不仅仅是旅游纪念品,也是完美的艺术杰作,大师们将他们的艺术灵魂放在其中,它们还有很多寓意,并与乌克兰有紧密的联系。

第**6**章

爱沙尼亚

爱沙尼亚共和国简称爱沙尼亚，坐落在东欧平原西北部，是波罗的海沿岸最小的国家。西南濒临里加湾，南面和东面分别同拉脱维亚和俄罗斯接壤，北部与芬兰隔海相望，地处连接东欧、西欧和北欧的交通要道，被誉为"欧洲的十字路口"。爱沙尼亚是一个多民族国家，除爱沙尼亚族外，还包括俄罗斯族等192个民族。

爱沙尼亚于2004年加入欧盟，2011年正式加入欧元区，同年告别发展中国家身份，跻身发达国家行列。其由于高速增长的经济和发达的资讯科技，而被称作"波罗的海之虎"，世界银行将爱沙尼亚列为高收入国家。爱沙尼亚空气质量非常好，首都塔林被誉为"洗肺圣地"。

6.1　塔　林
——欧洲十字路口的中世纪童话城

塔林(Tallinn),是爱沙尼亚共和国的首都和最大的城市,也是爱沙尼亚的经济、文化、政治、科技和交通中心,位于爱沙尼亚西北部波罗的海芬兰湾南岸的里加湾和科普利湾之间。是爱沙尼亚重要的港口城市,海岸线绵延 45 千米。爱沙尼亚是历史上连接中欧、东欧和北欧的交通要冲,被誉为"欧洲的十字路口"。1997 年,根据文化遗产遴选依据标准,塔林老城被联合国教科文组织世界遗产委员会列入《世界遗产名录》。

塔林面积约 159.4 平方千米,气候受海洋影响明显,春季凉爽少雨,夏秋季温暖湿润,冬季寒冷多雪。它同时也是爱沙尼亚重要的港口。塔林 IT 产业发达,有"波罗的海硅谷"之称。

塔林作为著名的旅游城市,常年吸引着来自世界各地的观光客。塔林分为新城和老城。新城区展现的是塔林令人惊叹的现代,而老城区则保存了中世纪城镇的迷人风貌。鹅卵石铺就的蜿蜒小巷和两旁铜制的街灯、哥特式尖顶、中世纪市场,这就是塔林著名的老城。老城从 13 世纪开始修建直至 16 世纪完工。这里有多彩多姿的居民住宅区、呈人字形的房子、半遮掩的庭院和宏伟的大教堂,准确地说它是塔林最吸引游客的地方。事实上,完整的城墙和旁边点缀的岗楼紧紧地相互依偎在一起,让这座城市增添了童话气息。老城最大的特色就是围绕在它周边的城墙体系和塔楼。自 1265 年该城就开始第一次防御建设,经过 16 世纪的全盛时期后,围墙增到 2.4 千米长、14—16 米高、3 米厚,包括 46 个塔。所有的塔楼都有自己的名字,有些外观呈现出中世纪的独特幽默。如今 1.9 千米的城墙和 20 个防御塔楼仍然耸立在那里,为现代的塔林增添着风采。

市政厅广场位于众人皆知的老城中心,风景如画,中间有一块镶有指南针的圆石头,市政厅建在市政厅广场东边。它建于 1402—1404 年间,是北欧保存得最好的哥特式市政厅。位于市政厅塔楼上如同士兵浓密胡须的风向标,有一个古老的传说。传说在古代的塔林,每年春天都会举行一次射箭比赛,看谁能把一根高杆上的木制鹦鹉射下来。这曾经是个正式的传统比赛,是为贵族家庭特意举行的活动。传说有一年,没有一个参赛的人能射中目标。这时,有一个叫托马斯的穷孩子,拿起弓箭射下了那只鹦鹉,可是立刻惹来了麻烦。托马斯为了避免他的耳朵被贵族们割下来,被迫成了一名士兵。最终这个穷孩子成了一名杰出的英雄,被视为塔林的守护神。过了很多年,人们发现市政厅的风向标越来越像一个士兵的浓密的卷曲的胡须,看上去就像他们的英雄护卫。为了纪念托马斯,人们开始管这个风向标叫托马斯,如今它成了深受人民喜爱的塔林的象征之一。

在市政厅广场不远处,耸立着一个醒目的、白色八角形的塔楼。这是建于 14 世纪的圣灵教堂,一座内外结构壮观的大教堂。钟塔正面彩绘的钟表是塔林最古老的公共计时器。位于市政厅药房附近的白色的圣奥拉夫教堂高达 124 米,目前是老城最高的塔楼。从 1549 年至 1625 年,这座建于 13 世纪的哥特式教堂一直是世界上最高的建筑。中世纪时,其高度一度达到了 159 米,成为令人惊叹的景观。可悲的是,在 1625 年和 1820 年,该教堂曾两次被大火烧毁。如今,圣灵教堂成了全城的最高点,到塔顶可以俯瞰塔林的迷人全景。

塔林老城的地面景观令人惊叹,它的地下设施同样让人神往。塔林有自己的地下通道,尤其是在瑞典统治下建于 17 世纪的防御隧道系统。当时来自异国的军事袭击一直让统治者忧心忡忡。所以设计者为了加固城市的防御体系建造了一座高堡垒的城墙,又在城墙下面开通了一条隧道便于侦察敌情、派遣士兵和运送弹药。"二战"期间,这些隧道被改造成了防空洞。苏联时期,隧道被进一步现代化,加入了电力设备、自来水、通风设备并安装了电话。现在大部分苏联时期的设备都已经被偷走或者被处理掉了,只有几个铁质双层床架和一些零碎物品被保留了下来。

6.2　爱沙尼亚的民族语言状况

6.2.1　爱沙尼亚语

　　爱沙尼亚语是爱沙尼亚共和国的官方语言,属于乌拉尔语系的芬兰-乌戈尔语分支,分为南部、北部、东北沿海三大方言区。全世界约有108.2万人将爱沙尼亚语作为第一语言使用,其中约92.2万人是爱沙尼亚国民,还有约16万人生活在瑞典、芬兰、德国、美国、加拿大和俄罗斯等地。此外,还有超过16.8万人将爱沙尼亚语作为第二语言。庞大的使用者数量使爱沙尼亚语跻身世界使用者最多的200种语言之一。根据2000年的人口普查数据,爱沙尼亚有109种语言被不同群体作为母语使用,其中爱沙尼亚语的比重最大(67.3%),其次是俄语(29.7%)。此外,还有乌克兰语、白俄罗斯语、芬兰语、拉脱维亚语和立陶宛语等。

　　爱沙尼亚语曾经只是爱沙尼亚人的语言,但随着历史的发展,呈现出两种发展趋势:一是语言的扩张,爱沙尼亚在与其他民族的交际中,凭借其地区语言优势,使得许多其他民族开始接受和使用爱沙尼亚语;二是语言的限制,爱沙尼亚地区历史上长期受其他民族的统治,而统治者为巩固其统治和出于文化同化的考虑,都会限制爱沙尼亚语的使用并推广其本民族语言。随着爱沙尼亚民族的民族意识觉醒和国家独立,爱沙尼亚语复苏。如今,爱沙尼亚语的地位于1991年爱沙尼亚的第二次独立后更得以彰显。之前,受苏维埃政府民族政策的影响,爱沙尼亚语的使用受到限制,许多爱沙尼亚人转而使用俄语。爱沙尼亚独立后,政府首先认识到语言在国家认同中的核心地位,将爱沙尼亚语规定为国家官方语言并制定相应的语言法规,大力推广。如此一来,爱沙尼亚语才有了今天的语言地位及权势,已经渗透到爱沙尼亚社会的方方面面。

6.2.2　俄　语

俄语是爱沙尼亚的第二大语言。爱沙尼亚的俄罗斯人几乎都会说俄语,40—70 岁的大部分爱沙尼亚族人将俄语作为第二语言使用。俄语在爱沙尼亚的第二大语言的地位,源自爱沙尼亚在 1944—1991 年是苏维埃社会主义共和国的加盟国之一,苏维埃强制性的语言政策对爱沙尼亚当时的语言状况影响很大,在此期间许多学校和教育机构都有俄语课程,俄语使用者人数急速增加。第一代和第二代苏联移民只能选择俄语作为主要语言,其他少数民族也逐渐以俄语为首选语言。1989 年的人口普查数据显示,40%的少数民族仍使用母语作为第一语言,52%的人已被俄语化,其余约 8%的人转向使用爱沙尼亚语。在爱沙尼亚东北部的俄罗斯人聚居地,语言同化政策深刻影响了这些地区的爱沙尼亚人。1991 年,爱沙尼亚独立后,政府制定《语言法》及相关保障实施法律法规,来保证官方语言的国家地位。国家语言办公室组织国民学习爱沙尼亚语,在各类考试中,爱沙尼亚语逐渐取代俄语。由此,官方语言的使用者大大增多,俄语使用者则逐渐减少。至 2010 年,64.1%的非爱沙尼亚人说爱沙尼亚语,但使用俄语的人仍约占该国人口的31%,只是俄语不再拥有官方语言的地位。一些文化机构仍以俄语运作,特别是国有的俄罗斯戏剧剧院和市政府经营的俄罗斯文化中心。实践中,拥有大量农村居民的商业组织和市政当局仍用爱沙尼亚语和俄语提供服务,有时还用英语等其他语言提供服务。甚至一些政策规定,俄语被用于提供公共服务和信息服务。随着爱沙尼亚语教学的普及和俄语教育环境的压缩,预测未来俄语的使用人口会持续下降。

在不同时期,德语、瑞典语、俄语、丹麦语和波兰语都曾在爱沙尼亚境内广泛使用。由于爱沙尼亚文化的地区主体性和持久性,其他各民族文化逐渐被纳入爱沙尼亚文化中,各民族语言也逐渐成为爱沙尼亚语言系统的重要组成部分。

6.3　爱沙尼亚电影文学

认知爱沙尼亚电影需与其特殊的地理背景、民族文化和社会历史相联系。在地理上,爱沙尼亚位于波罗的海东岸地区,东接俄罗斯,南与拉脱维亚为邻,北部与芬兰隔海相望,西南濒临里加湾,地处连接东欧、西欧与北欧的交通要道,被誉为"欧洲的十字路口"。可惜的是,在电影版图划分上,波罗的海国家的地缘身份模糊了爱沙尼亚的东欧区位属性,使得爱沙尼亚电影通常不被视为东欧电影,与北欧电影也相区分,故较少引起大众讨论和研究关注。在民族文化上,爱沙尼亚遭遇过北欧诸国及德国、俄罗斯等国家的占领统治与民族融合,造成文化的多重源流,如爱沙尼亚语属于芬兰-乌戈尔语分支,宗教信仰主要为从德意志流传而来的新教路德宗。虽然爱沙尼亚深受东欧和西欧文化影响,但爱沙尼亚人通常自认是北欧人,地缘认知和精神意识上更倾向于斯堪的纳维亚。多元的民族文化演进史对爱沙尼亚电影的叙事表达和风格呈现有着深远影响。

6.3.1　小国电影:爱沙尼亚的电影扶持政策及其实施效果

经济的快速发展和居民收入的增长刺激着爱沙尼亚电影产业内容供给和消费需求满足能力的提升。近年来,爱沙尼亚成为欧洲新兴的让国际制片公司感兴趣的联合制片地区之一,由爱沙尼亚、拉脱维亚和立陶宛组成的波罗的海国家电影也已成为欧洲电影产业格局中重要的品牌标识。以 2019 年的产业数据为例,爱沙尼亚共生产电影 56 部(含 14 部故事片、32 部纪录片、7 部动画短片和 3 部短片),院线公映电影共 314 部(本国电影 30 部、其他欧洲电影 154 部、美国电影 101 部、其他国家电影 29 部),共有电影院 54 家(含多功能影院 8 家)、银幕数 111 块(含 3D 银幕 44 块),年度总票房约 2180 万欧元,观影人次约 368.58 万,本国电影的市场份额约为 23%。考虑到国内电影市场的微小体量和外来电影影响的持续冲击,爱沙尼亚电影当前的产业规模和国际化程度已是相当成功。

2013 年,新组建的爱沙尼亚电影协会(Estonian Film Institute,EFI)成为 EFF 的继任者,以及爱沙尼亚电影扶持政策的授权机构和实施主体。根据爱沙尼亚文化部发布的《关于支持电影开发、制作和发行的程序条例》(2019),EFI 为本国电影生产提供扶持的目的在于:推动创作令观众满意的高质量作品,促进爱沙尼亚电影的传播、发展和发行;提升作品的艺术性、原创性和国际化程度,以多样化和吸引人的方式呈现民族和国家的过去与现在;培养爱沙尼亚的电影文化,如电影研究、电影教育、电影遗产和电影历史,使其易于向公众传播、与时俱进。

进入 21 世纪后,爱沙尼亚愈发重视本国电影的国际传播,越来越多的爱沙尼亚电影在国际电影奖项中有所斩获,进而吸引国际影坛和世界观众的瞩目,如《秋天的舞会》(Autumn Ball,2007)获得威尼斯国际电影节地平线单元奖,《金橘》(Tangerines,2013)同时获得奥斯卡最佳外语片提名和金球奖最佳外语片提名,《击剑手》(The Fencer,2015)获金球奖最佳外语片提名,等等。

自 20 世纪 90 年代开始,爱沙尼亚持续注重培养和提升电影从业者的专业技能,通过政策引导和制度规划为各类电影人才创造出多样化的实践项目和参与国际生产活动的机会。以电影导演为例,苏列夫·基德斯(Sulev Keedus)、哈尔迪·沃尔默(Hardi Volmer)、埃尔莫·纽加农(Elmo Nüganen)等人从20世纪八九十年代开始参与电影拍摄并活跃至今,是爱沙尼亚恢复独立后最先成熟的一批导演。韦科·欧恩普(Veiko Õunpuu)是21世纪以来最先受到国际影坛瞩目的爱沙尼亚导演,曾多次在国际电影节中获奖。他与伊马·瑞格(Ilmar Raag)、雷纳·萨尔奈特(Rainer Sarnet)等均属爱沙尼亚中青代导演的代表人物。此外,爱沙尼亚电影也不乏新生力量涌现,以塔内尔·托奥姆(Tanel Toom)和马尔蒂·黑尔登(Martti Helde)为杰出代表。作为民族文化精英的爱沙尼亚电影人,是推动爱沙尼亚电影真正走向世界的中坚力量。

6.3.2　民族史诗:民族独立进程中的意识觉醒与创伤记忆

历史上爱沙尼亚人的民族意识觉醒,与民族语言的完善、民族文学的传播,以及民族知识分子的助推密不可分。黑格尔曾言,史诗就是一个民族的"传奇故事"。每一个伟大的民族都有这种绝对原始的传奇故事,表现全民族的原始精神。

19世纪中期,深受欧洲理性主义和启蒙思想影响的爱沙尼亚知识分子们认为,若要唤醒民族意识,必须创造出有价值的文学作品。1862年,爱沙尼亚民族史诗《卡列维波埃格》被创编完成。这部史诗电影的诞生,创造出一门具有情感共通力的世界语言。早在1924年,爱沙尼亚人就尝试用电影的方式展现本民族的历史。进入21世纪以来,在本国电影扶持政策的鼓励和推动下,制作从多角度呈现民族曲折发展历程的史诗电影成为爱沙尼亚电影生产的一大流向。这些民族史诗电影的生产传播,是爱沙尼亚向全世界观众传递民族历史、文化及精神的重要艺术手段,有助于对内增进民族归属感,对外构建民族形象整体认知。对此,爱沙尼亚电影学者玛丽·兰尼特(Mari Laaniste)认为,爱沙尼亚人相当关心"他者"的看法,一部好的故事片可以成为有力的宣传工具,因而作为民族形象塑造者的政府部门自然会有意识地助推具有民族色彩和国际化策略的史诗电影的生产。21世纪前10年,爱沙尼亚生产出《雪茫攻防战》《马列夫》(*Men At Arms*,2005)、《十二月之变》(*December Heat*,2008)等多部历史题材影片。从内容上看,《马列夫》以中世纪时期的爱沙尼亚民族为背景,对民族历史进行喜剧化的自嘲反讽,偏重本土趣味;《雪茫攻防战》和《十二月之变》均取材于爱沙尼亚第一次民族独立战争,虽切实严肃,但"民族主义""爱国主义"的渲染过于直白,流于俗套。文化意义的欠缺使这3部电影的影响仅限于本土,未能走向国际。21世纪20年代,通过吸取此前的经验教训,爱沙尼亚的民族史诗电影在创作观念上进行革新,选择聚焦民族独立进程中的意识觉醒与创伤记忆,制作出多部在世界范围内广受好评的佳作。

家国同构是爱沙尼亚电影再现民族历史的核心叙事意识。对于人口仅有百余万的爱沙尼亚民族而言,任何集体层面的波动都将影响至个体。哈尔迪·沃尔默的作品《电影景象》(*Living Images*,2013)中,主人公威赫尔敏于1908年出生在塔林的德国贵族家庭,成长在一座底层为电影放映厅的豪华公寓中。在社会动荡中,她的家依次变为德国沙龙、革命博物馆和工人阶级公社,她也随之经历了20世纪爱沙尼亚诸多重大历史事件。

6.3.3　国家认同:意识形态重塑中的反思

爱沙尼亚文化部在《2011—2014年发展计划》中,将国家认同定义为"联合的文化归属感",强调将民族文化的价值、传统、行为模式和生活方式等元素传递给下一代和外来移民。与其他小国一样,爱沙尼亚塑造国家认同的方式主要是基于文化,如语言、音乐、民俗、神话等。爱沙尼亚人历来喜欢以艺术文化为手段,在一个想象的族群中创造出一致性,以表达政治诉求和营造抵制外来文化占领的对抗氛围。也正是因为文化在促进民族融合和构建国家认同方面作用突出,爱沙尼亚政府非常重视文化政策及文化经费资助体系建设。从电影扶持政策的内容上看,爱沙尼亚强调电影的文化属性,降低市场导向权重,鼓励具有民族意识和国家认同的内容生产。爱沙尼亚电影是国家主流话语的一面政治镜像。

作为一种商业策略,可供消费的国家认同经常出现在针对国际观众的电影制作中。爱沙尼亚电影的国家认同塑造并非完全由爱沙尼亚政府控制,而是更多地受自由市场经济规则和本国电影观众消费偏好影响。因此,基于一般化的政治反思和身份建构意识,爱沙尼亚电影发展出诸多对国家认同的另类艺术诠释。例如,《秋天的舞会》是苏维埃时期爱沙尼亚城市生活的怪诞呈现,人物孤独而压抑、纵欲且反叛;《清洗》(Purge,2012)将爱沙尼亚的苏维埃政权恶魔化,暴力的视觉符号和受鞭笞的精神意象并存;《好同志,好孩子》(The Little Comrade,2018)以儿童视角观察斯大林时代的爱沙尼亚,于温情中揭露残酷现实;《金橘》的本质是关于"调停",饱经沧桑的爱沙尼亚老人让两位兵戎相见的暴徒在危难之际联起手来以暴制暴,政治动荡难掩个体心灵回声;《魔鬼时光》(November,2017)是爱沙尼亚民俗文化的影像集,从"普客"妖怪到各类民间传说,魔幻惊异的民族经验文本可有效激发传统的文化认同感知。

6.3.4　个体关注：日常生活叙事中的精神失助与情感弥合

区别于他者表述和自我过度阐释的社会形象,真正的爱沙尼亚可能介于"英雄、勇敢、美丽、奇特的小国家"和"毫无特色的东欧荒原"之间。《杀手/处女/影子》的第三段故事"影子"将背景切换至当代,女主人公露娜厌倦空虚的城市生活,游走于现实和幻想的她选择逃离。但光怪陆离的世界、呓语般的自问自答,都未曾明示答案。影片中,出租车司机询问露娜名字时,精神近乎错乱的她好似已分不清楚自己是谁。在无序断裂的诗化影像中,难以言说自我之痛和迷失感相交集,暗喻着主体性的遗失。"影子"对露娜这一形象的放大化剖析,提供了一种观察当代爱沙尼亚人心灵世界的诗意视角。在恢复独立后的爱沙尼亚,快速的新自由主义化和资本主义不仅严重冲击着人们的日常生活,还在社会和文化领域造成令人沮丧的负面后果。爱沙尼亚人重获国家地位和虚幻个人自由的最初狂喜已被彻底打消,永久性的危机处境取代了天真的自由市场神话。时至今日,爱沙尼亚依然深受大国洪流裹挟、钳制,无法摆脱的未知威胁和民众彷徨不安的情绪不免会映现于电影的含蓄意指层。

个体是构成社会总体的分子,他们的日常生活往往是现实社会状况的真实反映。在相关扶持政策的引导下,爱沙尼亚在制作历史、政治题材电影,以及喜剧、科幻等商业类型电影的同时,也拍摄出一系列表现社会现实问题的电影,体现出浓厚的现实主义人文关怀。个体关注意识和日常生活叙事是此类影片的美学内核,故事人物面临的精神失助困境是一种社会隐喻,复杂问题最后虽不一定能够解决,却终有不同策略对情感裂隙加以弥合,重燃生命之光。2018 年上映的电影《要或不要》

(*Take It or Leave It*, 2018),同样是"爱沙尼亚 100"电影计划的资助项目。影片中,30 岁的建筑工人埃里克得知前女友即将分娩,但是她没有做妈妈的心理准备,要孩子或不要的选择题同样摆在埃里克的面前。如果他不要的话,孩子只能被送去领养机构。善良的埃里克选择承担责任,平凡的人生因此充满挑战。起初,无能为力的埃里克试图借助他人力量,但父母和新交往的女友均拒绝了他的请求,使自信的他日趋悲观,曾一度忘却孩子出门寻欢。从自由无虑浪荡子到一个英雄般的单亲爸爸,埃里克的转变来自他和女儿的共同成长。女儿的可爱给予他力量,父爱令他更为强大。当弃女不顾的母亲想要重夺抚养权时,埃里克毫不犹豫地选择对抗。在《爱沙尼亚女人在巴黎》(*A Lady in Paris*, 2012)中,两位主人公经历着类似的精神重建。失业后的安妮选择离开爱沙尼亚,前往巴黎做同乡老人弗里达的护工。两人在持续冲突中暴露出各自的情感弱点,内心的碰撞和互动带来最终的和解,显得分外温馨。此类作品的美学价值寓于现实主义的笔法深描中,微小个体的行为选择与生存方式蕴含着无限希冀和抚慰心灵的力量。

　　和其他北欧国家的主流文化一样,爱沙尼亚文化建立于禁欲的现实和世俗的生活之中,是从理性实践中得出的平等主义产物,是亲近自然和自我满足的理想状态。近 20 年来,爱沙尼亚人口的主要流动方向是远离乡村和加速郊区化。城市化进程削弱了亲近自然的传统文化根基,遮蔽了乡村生活的原有面貌。回归小镇和乡村,是爱沙尼亚电影缓解日常焦虑和重思个体存在价值和意义的方式,既展现出风土人情,也带有文化寻根意味。

6.4 爱沙尼亚的旅游业

爱沙尼亚是一个旅游资源丰富的国家,森林覆盖率达到了近48%,湖泊、岛屿星罗棋布,中世纪古城堡、国家公园、海边度假胜地等都是游客不容错过的地方。游客主要来自芬兰、瑞典、德国、俄罗斯和英国。主要旅游景点有塔林、塔尔图、帕尔努、萨列马岛、希尤马岛。爱沙尼亚也是很多欧洲国家的后花园,尤其是北欧国家芬兰、瑞典,每天都有数班大型客轮往返于塔林与赫尔辛基、斯德哥尔摩之间,美丽的客轮也成为波罗的海的一道风景。旅游业在爱沙尼亚国民经济也占有重要的位置。

6.4.1 圣约翰教堂

圣约翰教堂位于塔林自由广场旁边,其外观是非常显眼的亮黄色,整体呈新哥特式建筑风格。尽管在19世纪有两次差点被摧毁,但它被保存到了今天。修建圣约翰教堂的想法最早产生于19世纪中期,当时城市中爱沙尼亚族人口不断增长,超过了圣灵教堂的容纳能力。于是,在牧师的建议下,一个以福音传道者圣约翰的名字命名的教堂诞生了。整个建设工程从1862年一直持续到1867年,由在塔林出生的建筑师Christoph August Gable设计并监管。在这里施工不是一件容易的事,旧城墙的外面原先是护城河,松软的泥土不能承受建筑物。因此,施工队用了很多厚的橡木树干夯实地基。20世纪30年代,自由广场附近出现了一批新的富丽堂皇又非常实用的建筑,新哥特式教堂就显得与周围的环境非常不协调。然而,随着战争爆发,爱沙尼亚沦陷,拆除教堂和重建广场的城市规划未得以实现。在 20 世纪 50 年代,前卫派建筑师也有类似的想法,幸运的是这些想法都未能付诸实践。

6.4.2　塔尔图玩具博物馆

塔尔图玩具博物馆是波罗的海诸国最大的玩具博物馆,位于爱沙尼亚第二大城市和文化中心塔尔图。它建立于 1994 年,自 2004 年开始迁入现在所在的位置。博物馆是一栋始建于 18 世纪 70 年代的木制建筑,在塔尔图鲁特苏(Lutsu)街上。

塔尔图玩具博物馆一共收藏了 5000 多件来自多个领域的玩具,还有一些和游客互动性的玩具,以及供儿童玩耍的乐园。博物馆的一楼摆放着玩具。二楼则摆放着爱沙尼亚儿童电视连续剧中的娃娃和爱沙尼亚木偶剧院的独特木偶。在顶楼有一间特别的游戏室,参观者可以把孩子放在这里玩耍,这是专门为儿童而设的。

塔尔图玩具博物馆的木偶剧院于 2005 年年底对外开放,这个小剧院用木偶和道具给大家展示爱沙尼亚过去 50 年里制作的所有动画片,以及各个国家的著名传统木偶剧。

6.4.3　苏玛国家公园

"苏玛"意思是"沼泽之地",该区域已经被《关于特别是作为水禽栖息地的国际重要湿地公约》认定为重要的湿地保护区。苏玛国家公园建于 1993 年,是爱沙尼亚最年轻的公园,位于爱沙尼亚西南部,覆盖面积达 390 平方千米,是爱沙尼亚第二大国家公园。

苏玛国家公园里覆盖着大量的沼泽,这些沼泽主要是由于该处地形被派尔努河流域的分支河流水蚀而成。说起高位沼泽,这里最大的就数 Kuresoo 了。苏玛国家公园的东部边缘是爱沙尼亚最大的沙丘,离海岸线大概有 50 千米。沿海地带还保持着原始的波罗的海岸特征,波罗的冰湖(距今 11200—10600 年)位于 Sakala 高地的西北和西部边缘,在远古时期代表着水平面。Ruunaraipe 沙丘是这个地区的最高点,海拔 12 米,沙丘的山脊从西北向东南延伸,长 1.2 千米。

苏玛国家公园湿润的沼泽地,是棕熊、金雕和稀有兰花的理想生长之地。多年的积雪融化后,该地区水源丰富,成为一个皮划艇度假的理想场所。

6.4.4　拉赫马国家公园

拉赫马国家公园建立于 1971 年,位于爱沙尼亚北部,在首都塔林以东 70 千米处,开车大约 1 个小时便可到达。公园面积达 725 平方千米,它曾经是苏联建立的第一个国家公园,后成为欧洲最大规模的国家公园之一。

拉赫马国家公园是爱沙尼亚最受欢迎的旅游景点之一,当地有一些旅游公司提供从塔林至公园的一日游服务,同时还有很多人选择自驾游。公园内分布着四大庄园,即巴洛克式的萨嘎地庄园、爱沙尼亚最著名的帕姆色庄园、风景如画的威湖拉庄园,以及国内最独特的蔻嘎庄园。公园里风光无限,可以徒步旅行、骑自行车、划独木舟,还可以去远处的岛屿探险。

拉赫马国家公园建立的主要理念是保护、研究爱沙尼亚北部的风景地貌、生态系统、生物多样性和国家遗产。

6.4.5　玛塔萨鲁国家公园

玛塔萨鲁国家公园以前被称作玛塔萨鲁自然保护区,位于爱沙尼亚里亚内省,覆盖面积达 486.1 平方千米。它由玛塔萨鲁湾、卡萨瑞河(Kasari River)三角洲及其周边的平原、沿海草地、芦苇地、湿地及西爱沙尼亚群岛的一部分组成,其中包括了50 多个小岛。

玛塔萨鲁国家公园涵盖了 224.3 平方千米的陆地保护区和 261.8 平方千米的水生保护区。据统计,玛塔萨鲁国家公园共有 282 种记录在案的鸟类,其中有 175 种筑巢鸟类和 33 种迁徙水鸟类、49 种鱼类和 47 种哺乳类动物,同时还有 772 种维管植物。由于玛塔萨鲁湾处在东大西洋候鸟迁徙路线的首要位置,所以这里是欧洲最重要的湿地鸟类保护区之一,是观鸟的理想去处。大量的候鸟把这里作为其停留的临时地区,每年春天,几百万只水鸟飞经这里,其中最多的是长尾鸭。

玛塔萨鲁国家公园是成千上万种濒危野生动植物的家园,其中许多物种都已经被列入了爱沙尼亚"国际自然保护联盟濒危物种红色名录",包括最高级别的保护种类——白尾海雕,还有许多二级和三级保护种类。

6.4.6　土哈拉女巫井

土哈拉女巫井是爱沙尼亚一处著名的旅游景点,位于爱沙尼亚东北部喀斯特地区。女巫井通常在当地春季大雨过后或是大雪融化后从井口溢出水来。女巫井正好位于离土哈拉河不远处,当河流的水涨满后就会从女巫井口溢出,河床和周围的池塘也会因此注满水。

女巫井深 2.5 米,由于地下压力,泉水涌出来时可以喷出半米高沸腾的水柱,每秒钟从井口喷射出来的水流达到 100 升。在许多人看来,这是一种很神奇、独特的自然现象,就好像是现实生活中的童话,或是女巫施展的魔力,因此,每年都吸引了许多国内外游客前来一睹她的芳容。

拉脱维亚

◇ 第7章

拉脱维亚共和国（拉脱维亚语：Latvijas Republika），国名源自民族语，意为"铠甲""金属制的服装"，是一个位于欧洲东北部的议会共和制国家。西邻波罗的海，与在其北方的爱沙尼亚及在其南方的立陶宛共同称为波罗的海三国；东与俄罗斯、白俄罗斯两国相邻。全国总面积 64589 平方千米。总人口 268.7 万，其中拉脱维亚人 139 万（占 53%）、俄罗斯人约 90 万（占 34%）、白俄罗斯人 10 万，其他有波兰人、乌克兰人、立陶宛人和犹太人。

拉脱维亚人属于波罗的人，文化上接近立陶宛人。拉脱维亚语属于印欧语系。拉脱维亚是单一制国家，由 109 个自治市和 9 个直辖市组成。

拉脱维亚是苏联加盟共和国之一，1991 年，拉脱维亚脱离苏联独立。拉脱维亚的经济改革彻底改变了苏联僵化的经济旧模式，最终建立起西欧式的资本主义市场经济。

7.1　拉脱维亚的语言变迁

拉脱维亚地处欧洲东北部,与爱沙尼亚和立陶宛共同称作波罗的海三国。拉脱维亚是一个多民族、多语言的国家,民族包括拉脱维亚族、俄罗斯族、白俄罗斯族、乌克兰族等,使用的语言包括拉脱维亚语、俄语、德语、英语、白俄罗斯语、波兰语等。95%以上的居民懂俄语,约 10%的居民懂德语、英语。几百年来,拉脱维亚一直处在周边强国的控制和统治之下,拉脱维亚语虽保有一席之地,但在官方或民间的使用均没有达到一定高度和广度。20 世纪拉脱维亚语经历了如下的语言政策变化:

国语地位的确立。1920 年,布尔什维克俄国承认拉脱维亚国家独立及拉脱维亚语作为国语的地位。拉脱维亚语第一次成为拉脱维亚官方语言,通用俄语。

俄语的"侵入"及拉脱维亚语使用的弱化。拉脱维亚人民从 12 世纪开始就受到了外族的侵略。在短暂的独立后,1940 年,拉脱维亚并入苏联,成为苏联加盟共和国,名为拉脱维亚苏维埃社会主义共和国。之后,来自其他加盟共和国的大量移民涌入拉脱维亚,加剧了人口结构的变化,拉脱维亚族人占全国总人口的比例从 19 世纪 20 年代的 73.4%降至 1989 年的52%,而俄罗斯族人占比却从 20 年代的 10.6%升至 1989 年的34%。俄语语系使用者在公共或私人场合均将俄语作为通用语言使用。尽管拉脱维亚语是拉脱维亚的官方语言,但在苏联大力度实施俄语化的政策下,俄语已成为教育、学术和文化机构等主要部门的通用语言。1989 年,81.6％的拉脱维亚居民掌握俄语,其中 68.3％为拉脱维亚族人,并且 42.1％的居民将俄语视为母语,而俄罗斯族人能熟练掌握拉脱维亚语的仅为 22.3％。

国语的回归与重塑。20 世纪七八十年代后期,苏联渐渐失去了对拉脱维亚及其他社会主义阵营国家的统治,在意识形态、文化、语言等方面脱离苏联控制的欲望在拉脱维亚慢慢凸显。1989 年,拉脱维亚政府着手改变俄语在拉脱维亚使用过广的局面,重塑拉脱维亚语作为官方语言的地位,如在企事业单位、公司大力推广拉脱维亚语的使用,同时,也着手保护一些除俄语之外的社会语言的地位并扩大其使用范围,给其他少数民族的语言和文化提供相应的保护和支持。根据 1989 年及 2000 年的人口普查结果,拉脱维亚语的使用者占比从 62％攀升到 82％,少数民族对官方语言的态度也大为改观。改变的因素有非国民入籍程序中国语语言能力的测试、职业证书中国语语言能力的考查、年长的使用单一语言的移民数量的减少、具备多语能力的年轻人数量的增加等。

总而言之,拉脱维亚语的地位在政府重塑语言地位的政策启动后在多年里有了很大的提高。少数民族对国语的学习兴趣越来越浓烈。文化的开放及融合的趋势激起了语言学习者的能动性,他们通过对国语的学习来增加自己在社会中的流动性。

7.2　拉脱维亚文学

拉脱维亚人民从 12—13 世纪起,就经常遭受异族,特别是德国封建主、日耳曼十字军骑士团的入侵与统治。在拉脱维亚民间流传的口头文学(主要是民歌)中,反映出人民对异族统治的憎恨和对美好生活的向往。16 世纪下半叶,拉脱维亚才有了文字,出版了宗教书籍。1525 年,德国出版了第一本拉脱维亚语书《路德弥撒》。从 19 世纪 50 年代起,随着"青年拉脱维亚"运动的开展,拉脱维亚最初的民族文学诞生。

7.2.1　早　期

拉脱维亚民族文学最早的代表人物,是诗人阿卢南(1832—1864)和普姆普尔(1841—1902)。他们的诗歌作品反映了人民的愿望。普姆普尔根据民间流传的反对异族统治的传说写成的人民史诗《拉奇普列西斯》(1888),对拉脱维亚文学的发展产生过巨大的影响。普姆普尔是拉脱维亚民族浪漫主义文学的代表人物,其作品带有鲜明的反封建特点,并且表达了民族独立的意识。

19 世纪 80 年代以后,拉脱维亚出现了现实主义文学,这时团结在"新思潮"团体周围的作家起了很大的作用。革命诗人韦登巴乌姆(1867—1892)号召人民团结起来,同专制暴政进行斗争;小说家布劳曼(1863—1908)的作品最早描写了拉脱维亚农村的生活;杰出的诗人和剧作家莱尼斯(1865—1929)接受了马克思主义的思想,在诗集《暴风雨的播种》(1905)和长诗《太阳,万岁!》(1910)中号召人民奋起反抗沙皇、地主和资本家的统治。莱尼斯是拉脱维亚的诗人、剧作家、翻译家、社会活动家。1903年,莱尼斯的诗集《静谧夜晚的远方回声》成册,这部诗集充满了革命激情。1905年,他创作了具有象征意义的《火与夜》,这是斗争、生命之歌。1912年诗集《终结与开始》完成,这是一部献给无产阶级的哲学诗作。话剧《飞扬吧,清风》是莱尼斯戏剧作品中十分重要的一部。

　　1905年革命后,拉脱维亚文学有了新的发展。除莱尼斯外,乌皮特(1877—1970)进入文坛,他在1908至1933年间写成三部曲长篇小说《罗别日尼耶克一家人》,这是乌皮特最著名的作品(共8卷),是描写拉脱维亚农民生活、争取民族解放和揭露社会黑暗的史诗性的巨著。在这部巨著中,乌皮特描写了一个宗法制家庭如何在资本主义发展和社会主义运动中分化。在作品第一部《新的远流》中乌皮特就表现出了高超的艺术造诣。乌皮特在第二部《迷惑之网》中描写了拉脱维亚社会的分化以及资产阶级与无产阶级的斗争。第三部分《北风》描写了1905年的革命时期,关注了1905年后革命运动的沉寂。小说《往事的影子》被乌皮特看作这8卷本系列小说的序言。这部巨著是拉脱维亚现代文学史上最重要的作品。

7.2.2　十月革命后

　　十月革命后,1919年诞生了拉脱维亚苏维埃文学。拉脱维亚文坛涌现出许多新的作家,如诗人、小说家苏德拉布·埃朱斯(1860—1941)和阿拉伊斯-别尔采(1890—1921),诗人、剧作家帕埃格列(1890—1926)等,他们的作品都表现了获得自由的人民的喜悦。在资产阶级反动统治的年代里(1920—1940),拉脱维亚进步作家继续为争取民族解放而斗争。小说家拉齐斯(1904—1966)和诗人苏德拉布卡恩(1894—1975)都在这时开始写作。拉齐斯的长篇小说《渔人之子》(1933—1934)是这一时期的代表作。1940 年拉脱维亚加入苏联后,乌皮特、拉齐斯、苏德拉布卡恩等人继续写作。乌皮特成为拉脱维亚苏维埃文学的创始人,是拉脱维亚著名的作家、戏剧家、诗人。乌皮特是拉脱维亚浪漫主义文学的代表人物。著有《绿色的土地》(1945)和《乌云中的曙光》(1951)等小说。拉齐斯成为拉脱维亚最有成就的作家之一,是拉脱维亚著名作家、社会活动家。他的长篇小说《暴风雨》(1945—1948)和《走向新岸》(1950—1951)尤负盛名。1931—1933 年拉齐斯创作了三部分《无翼鸟》。在新一代的作家中,有诗人和小说家格里古利斯(1906 年出生)、女作家萨克塞(1905 年出生)、诗人和剧作家罗克佩尔尼斯(1909—1969)、小说家格里瓦(1910 年出生)等。他们参加了卫国战争,在战争期间和战后都写了不少作品。卫国战争之后,拉脱维亚苏维埃文学的主题为人的思想政治成长、肯定苏联现实,这在卢克斯、恰克、乌皮特和拉齐斯等的作品中都有体现。其中萨克塞描写农村社会主义改造的长篇小说《走上坡路》(1948)和描写知识分子命运的长篇小说《黑夜的火花》(共 2卷,1951—1957)较为著名。

7.2.3　当　代

20 世纪 60 年代的拉脱维亚小说大多以心理和道德问题为主题,如斯库因(1926 年出生)的《福尔纳里纳》(1964)、杨松(1915 年出生)的《孤独的渴望》(1965)、利弗斯(1924 年出生)的《维尔纳卡乌尔斯家的双生子》(1966)、贝尔斯(1938 年出生)的《侦察员》(1967)、维尔克斯(1923 年出生)的《野蛮人》(1968)

等,都是有名的作品。女诗人克姆佩(1907 年出生)、诗人瓦济耶季斯(1933 年出生)、济耶多尼斯(1933 年出生)等人的作品代表了拉脱维亚 20 世纪 60 年代诗歌的发展水平。

7.3　里加新艺术建筑

7.3.1　里加新艺术建筑的诞生及渊源

19 世纪末期,当新艺术风格开始流行时,里加作为中欧、东欧之间贸易往来的重要枢纽,是一个十分富裕的港口贸易城市。在经济的刺激下,里加的工业和人口也发展迅速,里加由此成为俄罗斯帝国的第五大城市、波罗的海地区第三大城市。

人往高处走,自古如此,全世界都是如此。那时候,不同民族和不同国家的人们纷纷迁徙至里加这块风水宝地发展定居,在这里建筑自己的房子,安居乐业。他们当中不仅仅有拉脱维亚人,也有犹太人和德国人。因为这个契机,"新艺术建筑"风格就在这里遍地开花了。在 20 世纪的第一个十年中,平均每年新建 300—500 座建筑,其中包括大量新艺术建筑。

第一次世界大战爆发后,"新艺术运动"不再有特殊的扩展。

建筑往往最先成为战争的牺牲品,可是里加的建筑是个例外。虽然里加处于世界动荡的最核心区域,且历经战乱,又被别国统治多年,但这里的新艺术建筑却保存完好,成为动乱年代里的大确幸!里加建筑至今仍完美地为世人呈现出当时艺术建筑的全貌,堪称奇迹。

7.3.2　里加新艺术建筑区的概貌

19 世纪末 20 世纪初,里加和欧洲许多老城市一样,开始发展新城,大量的新兴建筑在老城外拔地而起,这些建筑都是由拉脱维亚的建筑师设计的,他们开创出了新艺术建筑风格(Art Nouveau),也被称为青年风格(Jugendstil)。大致可分为两种类型,一种是浪漫民族主义艺术,另一种是装饰性新艺术。这种新艺术建筑风格强调自由创作,通过各种流线及面具、怪兽、花朵等图案装饰房子的外观。

整个里加共有 800 多座新艺术建筑,主要集中在老城北部的阿尔伯特大街(Alberta)、伊丽莎白大街(Elizabetes)、斯特拉涅库大街(Strelnieku)三条街道上。

站在街区一端,放眼望去,一栋栋漂亮的楼房,栋栋美轮美奂,同属一种艺术风格,却又各有不同的风采。尤其是这么多艺术风格鲜明的建筑像画卷一样集中展现在游客面前时,就产生了一种强烈的震撼感,宛如手捧着一个硕大的新艺术建筑博物馆,随心摩挲打量。游客会久久地伫立在那里,不舍得移动半步。

就因为这些街区的存在,英国作家格雷厄姆·格林曾欣然给予里加"北方巴黎"的爱称。

7.3.3　新艺术建筑细节

新艺术建筑风格其实是一种反传统的、夸张的装饰风格。艺术家们的一个重要理念就是倡导自然,他们认为自然界中不存在直线和平面。因此,新艺术建筑风格的建筑设计中大量采用弧线和曲面。这是其第一个突出特点。

新艺术建筑的第二个特点是装饰风格大胆浮夸。外立面上的那些花哨、繁复的浮雕,貌似与文艺复兴风格、巴洛克等欧洲古典建筑风格相近,但仔细看就会发现,这些浮雕造型和装饰线条都很写意和夸张,天马行空,完全颠覆经典,甚至有些矫情。

这些新艺术建筑群有四类装饰元素。第一是神话人物类。比如古希腊等神话人物的头像、神像、狮身人面与羊头人面等。第二是人像类。第三是鸟兽类。第四是花卉类。还有其他很有科幻感的雕像,可爱动人,有点像天外来客。

这些浮雕分布在门侧、门楣、窗顶及层间墙面上,细腻精致、自然美丽、连贯流畅、耐人寻味,赋予建筑无比的华丽感。透过这些华美富态的装饰细节,我们可窥探古人对于神、权力、美、文艺、自然的敬畏之情。

这些建筑群于 1997 年被列入世界文化遗产,且获得这样的评价:里加的新艺术建筑是世界上独一无二的。联合国教科文组织在授予里加"人类世界文化遗产"的评语中有这样的赞语:里加的"新艺术时期"风格建筑,无论量与质,皆堪称欧洲之最。鉴于里加拥有浓重的新艺术气息,欧盟委员会也于 2010 年确定里加为"欧洲文化之都"。

7.4 世界遗产

7.4.1 里加历史中心

里加历史中心是汉萨同盟的一个主要中心,它同中欧和东欧的贸易在13—15世纪一度非常繁荣。尽管大部分早期建筑受到火灾和战争的破坏,但是中世纪中期的城市建筑仍然反映了这种繁荣。19世纪,里加成为重要的经济中心,中世纪城镇的市郊已经建成,风格从开始的古典木制建筑风格转入"新艺术"建筑风格。里加被看作欧洲最精美的"新艺术"建筑风格的中心。

里加历史中心包括7个著名的遗址,此外城区中还有其他历史建筑、博物馆和艺术画廊。其中圆顶教堂——圣玛丽亚大教堂是一个主教大教堂,这个著名的历史性纪念物是古老的里加镇的象征。

里加历史中心分老城和新城。老城在道加瓦河右岸,面积不大,有运河环绕。老城具有中古时代城市的特征,房屋低矮,街道狭窄,屋顶多用红瓦,每座屋顶上有一只闪光的金属制的公鸡——风信鸡。相传13世纪末,风信鸡就被当地居民认为是避邪之物,后来人们把鸡身两侧分别涂上金色和黑色,以辨别风向;现在风信鸡只是作为城市的特有标志。里加虽历经战争破坏,但老城区的许多古老建筑仍然被保存了下来,它们构造奇巧、外观精美。

7.4.2 斯特鲁维地质测量地点

斯特鲁维地质测量地点以 19 世纪俄国天文学家 F. G. W. 斯特鲁维的名字命名。斯特鲁维从 1816 年至 1855 年主持了一次重要的地球子午线测量活动,涉及国家众多,被认为是第一次对子午线的长距离的精确测量。这次测量对其后建立标准的初始子午线及标准的地图绘制起到了重要的规范作用。它不仅是历史上多国科学家通力合作的范例,也是多国君主及政府为科学事务相互协作的范例。

斯特鲁维测量地点以跨国遗产的身份成功申报世界文化遗产,成为芬兰、挪威、瑞典、俄罗斯、拉脱维亚、爱沙尼亚、立陶宛、乌克兰、白俄罗斯和摩尔多瓦等 10 个国家共同拥有的一项世界遗产。这是有史以来首次由 3 个以上的国家共同申报一个项目,并成功进入《世界遗产名录》,也传达出世界遗产事务在全球开展 30 余年来不懈坚持的基本精神红线。

7.5　拉脱维亚的旅游业

拉脱维亚位于欧洲东北部,是波罗的海三国之一,左手抱着立陶宛,右手牵着爱沙尼亚,被誉为"蓝色湖泊之乡""欧洲之肺""最美女儿国"等。

大西洋对拉脱维亚独特气候类型的形成有较大影响,拉脱维亚以阴天多而出名,尤其是夏天,白天温度不高,夜间凉爽。冬天温度低,降雪不易融化,逐渐堆积,就形成了较厚的雪层。雪层上既可以从事冬季体育运动,也可以开展旅游项目,独特的气候类型和地理环境造就了拉脱维亚各具特色的四季,吸引着来自世界各地的旅客。

拉脱维亚拥有着丰富的森林资源、欧洲最美的白沙滩、中世纪绝美的艺术建筑、波罗的海最大最华丽的花园、历史悠久而种类丰富的民族活动……凭借得天独厚的地理环境与浪漫似童话的人文生活,拉脱维亚曾被《孤独星球》评为最值得去的十大国家之一。

7.5.1　里　加

拉脱维亚的首都里加,位于拉脱维亚西部道加瓦河入海口处,是波罗的海沿岸较大的城市。里加是拉脱维亚政治、经济、文化中心。旅游是里加市政收入的重要来源,90％赴拉脱维亚的旅客会选择里加。里加拥有波罗的海的"心脏"的美誉,也被称为"欧洲文化之都"。在这里,游客可以饱览中世纪哥特式建筑与新艺术建筑,在欧洲最大的市场里品尝性价比超高的美食,从街角咖啡店到热闹的酒吧街,体会最地道的东欧韵味。

7.5.2 尤尔马拉

尤尔马拉位于里加湾与利耶卢佩河的中间地带,地理位置优越,是拉脱维亚最佳的疗养城市,素有"拉脱维亚的明珠"之称。

尤尔马拉是一个以海水浴场为特色的小镇,距离里加只有23千米。这里有冰蓝的海水、绵延33千米的白色沙滩、天然的森林、典雅的村落……到了夏天,当地市民都会来这里度假。

7.5.3 国家公园

拉脱维亚的四个国家公园分别是凯梅里国家公园、加乌亚国家公园、斯利捷列国家公园、让兹那国家公园。

7.5.3.1 凯梅里国家公园

凯梅里国家公园位于拉脱维亚著名的海滨城市尤尔马拉西边,建立于1997年,以381.65平方千米的覆盖面积成为拉脱维亚第三大国家公园。公园里分布着众多的森林、湿地和沼泽等。公园里的天然温泉和泥浆温泉具有非常好的天然养生疗效,非常受人们喜爱。在19世纪,温泉周边建立了许多酒店、浴场和疗养所。

凯梅里国家公园里分布的动植物也非常丰富,除了繁茂的森林和沼泽地里的芦苇之外,这里还生长着苔藓植物、兰花等,动物主要有蛇、蚌、鹬、水獭等。游客可以划着小船在园内游荡,自由自在地享受满眼的自然美景。

7.5.3.2 加乌亚国家公园

加乌亚国家公园位于维泽梅地区锡古尔达市与采西斯古

城之间的加乌亚河谷区域,始建于 1973 年,占地面积 0.92 平方千米,是拉脱维亚最大的国家公园。公园内遍布着陡峭的悬崖、美丽的峡谷、裸漏的砂岩及白云石,还有拉脱维亚所有的土壤类型。公园内森林面积约占 47%,近一半区域都在森林的覆盖之下。园区内有近 900 种植物、149 种禽类和 48 种哺乳动物。公园内的沼泽地带是拉脱维亚最佳的天鹅筑巢地。

7.5.3.3 斯里特国家公园

斯里特国家公园位于拉脱维亚西海岸的库尔泽梅地区。虽然它正式建立于 2000 年,但此区域以前曾经是斯里特自然保护区,是波罗的海诸国中最古老的自然保护区之一。公园覆盖面积达 264.9 平方千米,其中 101.3 平方千米是波罗的海,它是拉脱维亚最小的国家公园。斯里特国家公园以其海岸线上的阔叶林和独特的沙丘、沼泽而著名,大多数阔叶林位于被人称作"蓝山"的地方,这是该公园最明显的特点之一。在数千年以前,"蓝山"由古老的波罗的海湖泊海岸形成。公园内 30%的区域分布着针叶林,有数百种植物和苔藓植物,其中 29 种是当地特有的。斯里特国家公园处在波罗的海候鸟迁徙所经的路线上,使得这里成为拉脱维亚最佳观鸟地点之一。在这里几乎能看到拉脱维亚境内所有的鸟类,尤其是在春季和夏季的候鸟迁徙季节。该公园里其他种类的动物亦非常丰富,包括狼、欧亚猞猁、麋鹿等,还有一些稀有的昆虫和蛇。在公园里靠近波罗的海的海岸上,偶尔还能看到珍稀的波罗的海灰海豹、环斑海豹。

7.5.3.4 让兹那国家公园

让兹那国家公园是拉脱维亚规模第二大但最年轻的国家公园,成立于 2007 年,占地面积达 532 平方千米。建立此国家公园的主要初衷是保护让兹那湖及其周边的地区,同时也保护整个文化和自然景观。让兹那国家公园内分布着众多的湖泊，比如，面积达 57.56 平方千米的让兹那湖是拉脱维亚境内的第二大湖泊，水域面积占公园总面积的 14％。湖泊里生活着很多鱼类，冬天在湖泊的冰窟窿里钓鱼是一件相当有趣的事，且此时的鱼肉非常鲜美。此外，让兹那湖周边还分布着许多便利的休闲娱乐设施，人们可以在这里划船，也可以在沙滩上嬉戏。

7.5.4　采西斯城堡

采西斯城堡位于采西斯，采西斯是拉脱维亚最美丽的古老城镇之一。经历了多次毁灭与重建，现在的采西斯城堡可追溯至 16 世纪早期，当时的利沃尼亚骑士团首领下令建造新的城墙、护城河和塔楼来加固防御工事。采西斯城堡曾经是利沃尼亚骑士团最坚固的堡垒，经受过历次战争的考验，如今是拉脱维亚保持最完好的城堡遗迹，同时也是波罗的海诸国中最宏伟的城堡遗迹。从 1949 年开始，采西斯历史博物馆就进驻修复后的新采西斯城堡，将城堡前方院子里的粮仓和马厩进行改造后变成博物馆的展厅。采西斯城堡的花园里有古代珠宝商铺，介绍古代拉脱维亚的珠宝匠和他们的工作，游客在这里有机会亲手尝试制作珠宝。此外，这里有拉脱维亚最古老的啤酒厂。建于 1878 年的采西斯啤酒厂每年举办的啤酒节活动都吸引了数以千计的游客。

第8章

立陶宛

立陶宛共和国简称立陶宛(Lithuania),是波罗的海三国之一。在波罗的海三国中,立陶宛面积最大、人口最多,为东北欧地区最热门的旅游国家之一。

立陶宛国土面积为 6.53 万平方千米,位于欧洲中东部(北纬 53°54′—56°27′,东经 20°56′—26°51′),北与拉脱维亚接壤,东与白俄罗斯毗邻,西、南与俄罗斯加里宁格勒州和波兰相邻,西濒波罗的海。国境线总长为 1644 千米,海岸线长 90 千米。首都为维尔纽斯。

全国划分为 10 个县,共设有 60 个实行地方自治的市级行政单位,其中有 9 个大城市、43 个区和 8 个小城市。

立陶宛的官方语言是立陶宛语,第二大语言是俄语。国内有立陶宛、波兰、俄罗斯、白俄罗斯、乌克兰、犹太等诸多民族。主要信奉天主教、东正教、新教和犹太教。

8.1　首都维尔纽斯

维尔纽斯是立陶宛的首都和最大城市。维尔纽斯建立于1323 年。据传,当年此处还是人迹罕至之地时,时任立陶宛大公来到这里狩猎,夜晚休息时,梦见山岗上有一只巨大的野狼对月嚎叫。惊醒后,大公将此事告知祭司,祭司认为此乃吉兆。于是大公下令立址建都,并取立陶宛语中的"维尔卡斯(狼)"一词,将城市命名为"维尔纽斯",从此便有了立陶宛数百年的繁荣昌盛。

虽然这个古老的传说难以考证,但维尔纽斯一度作为周围广大区域的政治、经济和文化中心而存在,直到今天,也仍是东北欧地区最繁华的城市之一。蜿蜒的内里斯河、维尔尼亚河静谧地流淌,将整个维尔纽斯分为两个部分:一半是位于市中心的老城区,地势较高;另一半是新城区,将老城区围在中央。作为拥有数百年历史的古城,维尔纽斯老城区至今仍保持着中世纪城镇的格局,以市政厅为中心,弯曲狭窄的街巷中遍布教堂、城堡、贵族府邸、庭院等古建筑,这些古朴典雅的建筑交相辉映,产生了极其震撼的艺术效果,令人目不暇接。其中,仅巴洛克风格的教堂就有数十座,因此维尔纽斯也被誉为欧洲最大的巴洛克风格古城。在老城区的高处,矗立着一座由红色砖石构建的格季米纳斯古堡,因占据地势,这里曾是维尔纽斯最重要的城防军事建筑,如今则是俯瞰城市风景的最佳位置。登上十几米高的三层塔楼顶,举目远眺,大半个维尔纽斯都出现在眼前:古建筑高低错落,红顶白墙间掩映着葱郁绿色,细长的河流蜿蜒环绕,如同玉带飘摇,分外美丽。而当如画风景落入眼中,最显眼的,无疑是古堡下方的维尔纽斯大教堂及广场。它们位于老城的正中心,宽阔的广场上屹立着 57 米高的古老钟楼,壮观而醒目。这座教堂最早修建于 1387 年,这一年也是立陶宛皈依天主教的第一年,因此对立陶宛的教徒而言,它具有神圣而特殊的意义。

　　距离维尔纽斯大教堂不远处,是更加著名的圣安妮教堂。"小而美"的圣安妮教堂高 22 米,宽 10 米,全部由不同形状的红砖砌成,仅教堂外墙部分使用的红砖就有 33 种。圣安妮教堂的特点是结构复杂,主顶周围又塔尖如林,角塔森森显得极为壮观。据说,拿破仑东征时路过此地,就为圣安妮教堂所深深着迷,甚至产生过将它"放在手中带回巴黎"的想法。

　　如果说维尔纽斯老城区是立陶宛历史、文化和信仰的重要承载,那么老城区对面的"对岸共和国",则反映了立陶宛人追求自由、浪漫的气质。在维尔纽斯老城区的东面,隔着维尔尼亚河,有一片叫作"乌祖皮斯"的区域。这里本是流浪艺术家、嬉皮士的聚集地,之所以名声大噪,是因为 1998 年这里宣布"独立",名为"对岸共和国",有自己的"宪法",甚至一度拥有自己的军队。不过该宣告没有任何政治意义,更多地被认为是一种行为艺术,立陶宛官方甚至对其持欢迎态度。当人们来到乌祖皮斯,会发现街道的墙面上还有他们颁布的《对岸共和国宪法》,并用多种语言公开展示,仿佛是在煞有其事地强调这一切:每个人都有死亡的权利,但不是义务;每个人都有犯错的权利;每个人都有无所事事的权利;每个人都有爱和照顾猫的权利……这些"宪法"的内容并不多,但与其说是法律,倒不如说是对生命和哲学的思考。

8.2　考纳斯

　　"考纳斯"这一名称源于波罗的语词根,意识是"低洼、泥泞、沼泽地",1361 年首次在史料上被提及。它是立陶宛第二大城市、考纳斯区的行政中心,1919—1940 年它是立陶宛共和国的临时首都。考纳斯位于内里斯河和内穆纳斯河交汇处,距考纳斯水库 104 千米,在维尔纽斯的西北方,面积 157 平方千米。

　　考纳斯是立陶宛人最单一的城市之一。立陶宛人占居民总数的 95％,其他主要是俄罗斯人、乌克兰人和白俄罗斯人。

　　考纳斯是立陶宛的铁路和公路枢纽。从赫尔辛基到布拉格,以及从克莱佩达到布加勒斯特的欧洲线路经考纳斯横穿立陶宛。考纳斯铁路隧道是俄罗斯帝国的第一个铁路隧道,1862 年建于考纳斯。考纳斯国际机场是立陶宛客运量第二大的机场,建于 1988 年,距考纳斯市中心 13 千米。考纳斯机场有直达 11 个国家的航线。

　　考纳斯是立陶宛的文化中心之一。考纳斯有 6 所高校,包括维陶塔斯大学、考纳斯技术大学、考纳斯医科大学、考纳斯理工大学、亚历山大大学、考纳斯实用装饰艺术学院等。考纳斯保留了大量的建筑遗迹,其中主要的有:考纳斯城堡、考纳斯市政厅、考纳斯民俗园。此外,还有哥特式的圣彼得和圣保罗大教堂、圣迈克尔天使教堂、科夫诺要塞等。除了魅力古城,吸引旅游者的还有一系列其他地方,比如博物馆。全市有 40 个博物馆及其分支机构、26 个图书馆、7 个专业剧团和 10 个业余剧团、20个民俗歌舞团。

　　著名的"萨尔吉利斯"篮球俱乐部以考纳斯为基地。立陶宛的许多篮球球星都在考纳斯出生并度过童年,其中有阿维达斯·萨博尼斯、萨鲁纳斯·马修利奥尼斯、扎伊德鲁纳斯·伊尔戈斯卡斯等。

8.3　立陶宛艺术

　　立陶宛艺术深受西欧文化的影响,从古典主义到现代主义,立陶宛艺术家们都有着积极的研究和探索,他们注重立足本国民族文化的表达,往往将外来文化与本土精神相结合进行创作。

　　在 19 世纪和 20 世纪之交,风景画成为立陶宛艺术的一种表现体裁,艺术家不仅将风景作为视觉灵感的来源,更将其视为内心活动的反映。比如,世界知名的象征主义画家米卡胡斯·科斯坦蒂纳斯·西尼斯就是这个时期的一个重要人物,他试图利用大自然来获取创作的伟大力量。各种各样的结构和形式构成了立陶宛艺术家的创作本性。他们认为风景没有穷尽,因为它的变化多端、不可预料。因此,它成为艺术家创新艺术形式和表达手法的一个榜样或模范。

　　20 世纪上半叶,自然主题和自然色彩组合成为现代主义色彩绘画传统的基础,开拓了风景画的象征价值。其中一位先驱者是立陶宛首所专业美术学校的创始人、画家和教育家尤斯丁纳斯·维安依辛斯科斯,他从 20 世纪初就开始模仿法国画家保罗·塞尚的创造性作品,逐步使用和发展后印象主义原则。维安依辛斯科斯的学生、在两次世界大战之间出现的现代派艺术家团体"Ars"的成员安塔纳斯·古戴蒂斯、维克特拉斯·维斯格尔达和安塔纳斯·塞缪利斯继承了塞尚开创的绘画传统,他们深信绘画的本质埋藏在大自然之中。画家对自然界色彩组合的天生敏感和他们在画布上的真实手感及画笔的运行痕迹,共同缔造了这种绘画风格的独创性。

"二战"后,苏联统领了立陶宛,创造性作品开始为宣传需要服务,所灌输的社会主义现实主义规范了个性化表达。现代主义色彩绘画的传播,以及使用这种风格创作的风景画受到了限制。在追求色彩解放的同时,人们也开始探索现代主义表现形式和新的绘画手法。形象化在当时重新得到重视,这包括对一个物体的广泛描绘、艺术品的粗糙和浮雕般的表面、画家手部动作在画布上的明显痕迹、明亮的调色板等。所有这些特征在莱昂纳斯·凯塔纳斯、尤纳斯·斯瓦萨斯和波维拉斯·里卡达斯·瓦蒂库纳斯的风景画中被反映得淋漓尽致。

20世纪下半叶,非常重视风景所蕴藏的情绪和情感的表达方式,却遭到了立陶宛艺术另一派别的反对——利用抽象绘画和雕塑揭示自然主题的建构化、简约化和概念化。这些艺术家描绘自然和自然物体的方法是基于一种分析关系,它决定着抽象化、形式的几何化、后立体派风格和概念化。在两次世界大战之间,立陶宛构成主义绘画最为杰出的一位代表是画家维陶塔斯·凯鲁克斯塔斯,他与波兰艺术家密切合作,形成了构成主义前卫派。20世纪下半叶,这一流派得到了继承和发展,一些艺术家还对传统展开了革新,其中包括阿尔及达斯·彼利斯、莱昂纳斯·凯塔纳斯、欧戈尼尔斯·安塔纳斯·祖可门那斯、卡泽·辛布利塔、鲁塔·卡提鲁特、凯斯蒂提斯·扎塔库斯,以及雕塑家维陶塔斯·谢利斯、泰奥多拉斯·卡齐米拉斯·瓦拉蒂斯和瓦尔达斯·乌班纳维切斯。有一点非常重要:立陶宛艺术家在苏维埃时代对作品形式的创新探索和实验打破了官方的艺术惯例,导致许多艺术家不得不在艺术边缘创作。立陶宛重获独立后,他们的作品在"沉默现代主义"的隐喻名称下变得出名,凸显了这些艺术家在苏联时代的不顺从立场。

20 世纪 70 年代末,立陶宛艺术开始形成新的风景描绘方式,它对人与自然的关系——特别是工业文明对自然的侵扰——提出了一种独特观点。这种观点最先形成于科斯塔斯·戴拉什卡维切斯、阿尔及曼特斯·库拉斯、伊格瑞斯皮亚库拉斯、明道格斯·斯库杜蒂斯的创意作品。立陶宛重获独立后,亨利卡斯查拉帕斯和里姆维代斯·杨卡斯卡斯-堪帕斯等新表现主义画家的作品对这种观点也有体现。20 世纪末,立陶宛当代艺术实践对风景的解读和自然主题在作品中的角色表现都发生了巨大变化。

21 世纪,“地图”成为新的风景描绘形式。如今,立陶宛艺术家已在公开的国际环境中进行创作,因此他们对立陶宛及全球的人和地方之间的关系更感兴趣。这些地方包含着大量的民族史、文化史、语言史和地形史信息,艺术家常会通过私人棱镜展开分析(强调自己的私人经历,夸大不符合惯例的主观叙述),同时还会碰触到社会、历史和政治等方面。这些策略在旅居纽约的立陶宛艺术家和世界知名的前卫派电影制片人尤纳斯·麦卡斯,画家尤纳斯·格修纳斯和埃格利·瑞迪凯特,摄影师金塔塔斯·特里马卡斯,跨学科艺术家安塔纳斯·盖尔卡斯、克里斯蒂娜·因出赖特、齐尔维纳斯·肯皮纳斯、德曼特斯·纳克维修斯和阿尔图罗斯·莱拉的作品中表现得尤为明显。

8.4　立陶宛建筑

　　近年来,住宅设计思想的广泛跨国传播令家庭空间愈加全球化。各类建筑出版物令不同区域的住宅类型得以传播共享,也令建筑师比以往更易了解多样的住宅设计项目。

　　立陶宛独立后,独栋住宅合法化迅速成为流行。年轻建筑师通过此类住宅项目获得了通过新想法与新材料来表达自我设计观念的极佳机会。20世纪90年代初,后现代主义仍旧甚嚣尘上,对于自己的第一个居所,业主们又往往难以明确需求,试错过程中难以避免地出现早期极端设计逐渐被新生代建筑师与众不同且具有辨识度的住宅设计所取代的现象。

　　转折不仅发生在建筑设计领域,更重要的是对生活方式的改变。从集体公寓和大型住宅街区向更加私有化、个人化的居住空间的转变十分剧烈——建筑师与业主都需要时间来调整以适应新的生活方式并发展出相应的贴切建筑语汇。住宅建筑曾一度失去其对环境的谦逊态度,但很快吸取了教训。无疑,关于自然和城市的语境关系之重要性重回建筑师的视野当中,而独立建筑师们可充分运用其对建筑语境的创造性处理方法。

　　金陶塔斯·纳特科维丘斯是以具有表现力的住宅建筑设计而闻名的建筑师之一。他的工作室近年来完成了各具特色的住宅作品,这些项目皆因对形式、结构和材料富有匠心的精妙操作而烙上工作室的鲜明痕迹。尽管其作品往往具有强烈的煽动性和视觉吸引力,但纳特科维丘斯仍能在固有环境与新建结构间建立良好的对话关系。建于 2010 年的农场住宅静立于田野之中、水涧之滨,戏剧性的瞭望室被置于低矮的水平体量上方,在视觉上拓宽了水平延展的广袤土地,同时提供了攀爬到地面之上而极目远眺的可能性。乌特里艾家庭住宅的处理却刚好相反——巨大而醒目的悬挑从绿色景观中伸展出来,使这座极具个性且戏剧化的建筑成为单调环境中的点睛之笔。

同样由纳特科维丘斯工作室设计的草莓街住宅则显得温润而内向,它的内部庭院对邻里隐藏起来,却对山谷和交汇的河流敞开视角。地块的复杂形状也成为灵感的一部分——建筑师设想了一个几乎占据整个场地的形体。由锈钢板构成的立面融合进纠缠不清的环境中,增加了街区层化的、未建成似的氛围基调。抛光的、开敞的内部立面围绕着带有花园的小庭院展开,这个空间虽作为建筑的中心元素,从视觉与构成的双重角度联系起了各个空间,却能够不断吸引观者的注意,不断带来惊喜。

阿克吐建筑师工作室的作品则呈现出截然不同的建筑操作方法。他们力图强调对自然与城市环境的清晰认知,以及对遗产、传统和自然材料的尊重。这个团队始终探索着如何以独有的建筑细部为简洁形式赋予有趣的叙事。以湖畔别墅为例,单色木条板包裹了住宅的外表面,又对精心布置的带有遮阳板的窗洞和陡峭的斜坡屋顶加以刻画。这种屋顶是阿克吐设计中的一个常见元素,通过其与常见形式的操作,凸出更加特殊而不可预料的形式。遮阳板起到安全防护的作用,同时致敬了传统的立陶宛乡村建筑。逻辑清晰而简洁的内部空间布局、窗户朝向的景观视角、简明的室内设计——这座建筑的所有特征都传达出其对所处自然环境的尊重,同时营造了亲密的家庭氛围。

立陶宛当代住宅建筑约经历了变动剧烈而硕果颇丰的30年。这不仅来自对当下全新生活方式的适应,也来自对前代建筑师的经验传承,如尺度感知、材料和谐、环境意识等。即使在最新的设计中,两次世界大战期间的影响与北欧建筑学派的作用仍清晰可见。同时,关于创意实验和不断增多的年轻事务所致力于发展对语境或传统的个人化操作方法,住宅建筑是其中最主要的领域之一。

8.5　立陶宛大公国的音乐艺术

立陶宛最丰富多彩的文化遗产毫无疑问是民族音乐,至今它依然保持了自身独特性,并成为流传最广、人人都能参与的民间创作之一。在立陶宛境内,即使在偏远的农村也有演奏民族歌舞和乐器的民族歌舞团。现在大部分乐队都可以演奏传统乐器,并且为了方便演奏,这些乐器的形状已经改变了许多。

8.5.1　民族歌曲

立陶宛民间大概有 50 万首民族歌曲,它包括劳动歌曲、家庭和爱情歌曲、哀歌和节日歌曲、神话和战争歌曲、抗争歌曲和侨民歌曲。许多劳动歌曲都和固定的季节性劳动有关,如割草、收割庄稼、加工亚麻、纺织等。劳动和爱情的主旋律经常交织在那些赞美热爱劳动这一伟大品质的民族歌曲中。哀歌不仅在追悼时演唱,而且也在家庭成员离开的时候演唱。有些歌曲是专门供不同节日(如圣诞节、新年、谢肉节、复活节)使用的,但即使是那些献给宗教节日的歌曲,其内容也很少是完全关于宗教的。历史、神话和战争主题的歌曲内容往往都是宽泛的,并不提及某个具体事件。

立陶宛民族歌曲基本都是由女人演唱,男人根据风格用各种乐器为她们伴奏。歌曲通常都是集体演唱,很少能够听到独唱。立陶宛歌曲的歌词通常不是很复杂,它的旋律在各节之间转换时可能会有细微的变化。立陶宛歌曲中常使用有象征意义的形象,例如在歌词中经常使用太阳、月亮和星星的形象,以及与植物和动物相关的形象。

立陶宛民族歌曲通常与祖基亚的歌曲传统相关,其最鲜明的特点是复杂和多音部,比如北阿乌克什塔提亚的民族歌曲苏塔尔季涅斯,其旋律包含了 2 个极其相似但又不相同的节奏。这种歌曲分为 3 种基本类型,即两人合唱的对位音、三人合唱的严格规范音和反背景音,表演通常是边跳边唱的形式。

8.5.2　立陶宛民族舞蹈

立陶宛民族舞蹈是在乐器或者歌曲的伴奏下表演的,主要由女性来表演,并且没有独舞。与民族歌曲苏塔尔季涅斯一起表演的舞蹈是最古老的舞蹈,它由一些简单的步伐、转圈、滑步和踏步组成。游戏舞蹈拉捷里亚伊是在宣叙调的伴奏下表演的一种舞蹈,一个或几个参与者在其中扮演固定的角色。许多立陶宛民族舞蹈都是在劳动时节或是在节日期间表演的。有时舞者模仿动物和鸟类的移动,有时他们是独立表演的,通常他们首先从简单的步伐开始,随后这些步伐变得越来越复杂。许多民族舞蹈团队表演波尔卡舞、卡德里尔舞和华尔兹,这些舞蹈 19 世纪才在立陶宛出现。

8.5.3　立陶宛古典音乐

斯坦尼斯拉夫·莫纽什科是 19 世纪继波兰作家肖邦之后最著名的作曲家之一,在维尔纽斯生活了近 20 年,并在圣约翰教堂从事歌剧创作。他的成名作有歌剧《卵石》和《魔法城堡》。他继承了罗西尼和法国喜剧歌曲的传统,不同的是,他的作品结合了合唱和波兰舞蹈丰富的民族色彩,尤其是波洛涅兹舞。除此之外,莫纽什科还创作了 267 首歌曲,经常使用舞蹈的节奏,也创作了颂歌《幻影》和由密茨凯维奇作词的《克里米亚十四行诗》。

波兰作曲家利奥波德·戈多夫斯基出生在维尔纽斯的郊区,1891 年侨居美国并成为当时最伟大的钢琴家之一。

侨居国外的著名的音乐大师雅沙·赫西费尔茨,出身于维尔纽斯的犹太家庭,少年时来到美国,在 1925 年取得美国国籍,并在这里开始了他的音乐创作生涯。许多音乐评论家都认为他是 20 世纪最伟大的小提琴手。

米卡洛尤斯·坎斯坦季纳斯·丘尔利奥尼斯是第一位真正的立陶宛作曲家。他在普伦格市由米科拉斯·阿金斯基斯大公建立的学校学习了音乐知识,早年在当地的合唱团唱歌并参加了乐队的演奏。丘尔利奥尼斯大约有 300 首作品保存至今,其中大部分是钢琴曲。他的早期作品受到肖邦、斯美塔那和格里加等作曲家的影响,非常悦耳。丘尔利奥尼斯稍晚些的作品让人联想到德彪西印象派的创作,尽管他并不熟悉这个法国作曲家的作品,但他的晚期作品深受第二维也纳乐派作曲家们的影响。丘尔利奥尼斯最杰出的音乐作品是受音乐家瓦格纳的乐曲鼓励而创作的交响乐史诗《森林》和《大海》。他还创作了许多弦乐四重奏作品和民间音乐主题的乐曲。

米卡斯·彼得劳斯卡斯是立陶宛歌剧的创始人。《比鲁捷》被认为是他的第一部作品,不过由于很难判定该作品的体裁,所以把他稍晚些创作的《埃格勒》认定为最早的歌剧更准确一些。

尤奥扎斯·格鲁奥利斯是考纳斯音乐学院创始人,在两次世界大战之间立陶宛共和国的音乐对生活起着重要的作用。在格鲁奥利斯的作品中,他赋予民族乐曲以独特的意义,经浪漫主义和印象主义风格加工而具有了新的声音。

　　布罗尼乌斯·库塔维丘斯是丘尔利奥尼斯的继承者,两者的创作精神相近。库塔维丘斯的大部分作品都有着强烈的精神元素,包括在丘尔利奥尼斯的作品《悲伤交响乐》的鼓舞下而创作的气势宏伟的管风琴曲《致父亲》。其他著名作品有《泛神论者清唱剧》、歌剧《鸫》,还包括许多专为室内乐团创作的作品,其中经常会用到奇特的乐器组合。

　　费利克萨斯·拜奥拉斯的作品以复杂的多声部而闻名,在他的作品中经常能感受到民族音乐的影响。他对戏剧怀有特别的兴趣,为戏剧剧本和电影创作了许多作品,还创作了歌剧《上帝的天使》。

　　作曲家奥斯瓦尔达斯·巴拉高斯卡斯是位政治积极分子,他在广泛而不同的音乐流派(从古典音乐到爵士乐)的影响下形成了自己的创作风格,创作了 5 部交响乐、安魂曲和许多电子乐器的作品,包括芭蕾舞剧《麦克佩斯》。

　　阿尔吉尔达斯·马丁奈蒂斯是立陶宛年轻一代作曲家的主要代表,其早期作品受到他读过的文学作品的影响,是新浪漫主义风格。

　　在立陶宛国家主要乐队和合唱队的演唱会上经常把立陶宛作曲家的作品和更著名的古典音乐家的作品结合起来演奏。维尔纽斯是立陶宛国家交响乐队、立陶宛室内乐队、圣·克里斯托弗室内乐队、丘尔利奥尼斯命名弦乐四重奏合唱队的故乡。其他主要的音乐团队还有考纳斯室内乐队、考纳斯国家合唱队、克莱佩达交响乐队和希奥利艾复调乐队。

　　大提琴手大卫·格林加斯是立陶宛最知名的独奏音乐家,他是 1970 年柴可夫斯基音乐节国际大赛的冠军。立陶宛是遵循乐队指挥员和乐师之间保持持久、牢固关系这一古老传统的少数国家之一。1960 年创立的立陶宛室内乐队直到现在还由创办者萨乌柳斯·松杰茨基斯领导,而前独奏者多纳塔斯·卡特库斯自1994年就创建并一直领导着圣·克里斯托弗室内乐队。1964年,当尤奥扎斯·多玛尔卡斯还是个大学生的时候,就一直担任立陶宛民族交响乐队的经理。而在各种国际比赛中斩获大奖的金塔拉斯·林克维丘斯自立陶宛国家交响乐队于1988年创建之初,就一直领导着这支乐队。

维奥列塔·乌尔玛娜是立陶宛最著名的声乐演唱家,她被世界主流歌剧院认为是20世纪下半叶最好的女中音,这不仅因为她能大尺度地跨越3个八度音的声域,还因为她的声音适合演唱各种类型的曲目和歌剧。

20世纪立陶宛古典音乐会通常由衣着华丽的报幕员来对乐师和他们所演奏的作品进行介绍。许多听众都带着花束来听音乐会,表演一结束,观众就报以热烈的掌声,并把鲜花送给演唱者和乐队指挥家。

8.5.4　立陶宛民族乐器

立陶宛人在民间音乐创作中使用各种各样的乐器,包括来自世界各地的乐器。

皮尔皮涅管:这是一个十分长的筒形牧管,它产生的声音可以在10千米外听到。这种乐器使用传统方法来制作,需要很长时间,其过程包括把赤杨木、枪树和白桦树修理出长长的形状,再将其纵向切成两半,把中间部分抠出后再把它们合到一起,之后在表面铺上一层树脂,再用在热水中浸泡过的亚麻线或桦树皮将其固定起来。这个乐器能够发出极宽波段的声音,但给民间歌曲伴奏时通常只会使用它的2个或3个音。

坎坷列斯琴:这种梯形弦乐器起源于中世纪的萨泰里琴,近似于齐特拉琴。它的底座通常用枪树、山杨树或橡树制作,但是它的个别部分可以用不同种木材制作,弦轴曾经也是用白桦树、枠树或是山杨树等木材制作的,现在则是用铁制作的。起初琴弦是用动物的肠子做的,而现在改用铁、钢或铜等材料制作了。

羊角号:起初这个乐器是用来牧放牲口的,它是带有五个孔,能够奏出五声音阶的羊角。

拉加斯木管:这个乐器第一次被提及还是在 12 世纪的史料中。这是一种木制管,过去被用作一种发信号的工具,或者是施行法术时使用的乐器。该木管是用杨木制作的,将杨树截取固定长度,凿出两个凹槽,然后用桦树皮连接这两个部分。其顶端固定着吹嘴。由于每个木管只能发出一种声调,因此通常会使用 5 种不同声调的管来进行合奏。

斯库杜柴木笛:这种木笛是用柳树皮制作的,秋天把柳树细枝削平,等到第二年春天的时候再把柳树皮剥下来。这种乐器也可以用白蜡树、枫树、赤杨制作。每个管子的下端都被严实地捂住,而上端则有两个镰刀形凹口,其中小一点的那个凹口演奏时与下嘴唇稍稍接触。木笛长度各异,8 厘米到 20 厘米不等。每一个只能发出一种声调,乐师在演奏时通常使用 1—3 个这种木笛。

第9章

格鲁吉亚

格鲁吉亚位于欧亚大陆外高加索中西部,西邻黑海,北邻俄罗斯,西南部与土耳其接壤,南部和东南部与亚美尼亚、阿塞拜疆毗邻。

格鲁吉亚面积 69700 平方千米,主要民族为格鲁吉亚族,其他民族有阿塞拜疆族、亚爱尼亚族、俄罗斯族等。官方语言为格鲁吉亚语,居民多通晓俄语。居民多数信仰东正教,少数信仰伊斯兰教。首都是第比利斯。

独特的地理位置与自然环境使得格鲁吉亚人逐渐形成了热情、好客、开朗的性格特征。在东西方文化的交汇之处,格鲁吉亚并未排斥任何一方,而是兼容并包。丰富的森林资源带给格鲁吉亚人民许多天然的生活资源和食物资源,人们不需要争抢食物资源,靠采摘和狩猎便可以满足生活必需,这也造就了格鲁吉亚人对待生活乐观、积极的态度。

9.1　首都第比利斯

第比利斯,位于格鲁吉亚中东部,是格鲁吉亚首都和政治、经济、文化及教育中心,是高加索地区的重要交通枢纽。第比利斯同时也是格鲁吉亚最大的城市,也是外高加索著名古都。

第比利斯绝大部分工业企业分布在库拉河左岸,而行政机关、高等院校及科研机构则分布在右岸。第比利斯分为旧城、新城两部分,旧城滨水,城内有弯曲的小巷、残旧的古堡,还有建于5世纪的教堂和昔日的格鲁吉亚王宫。新城傍山,人们可乘坐缆车上下山。市中心有格鲁吉亚政府大厦、商店、剧院和博物馆,6条街道向市区各处辐射,交通十分便利。

第比利斯索巴节定于每年10月份的最后一个周末举行。最初,格鲁吉亚各地在该节日向第比利斯贡献自己收获的农产品,逐渐地,该节日发展成各地农产品展销会和民俗文化展示会,同时也是庆祝葡萄及其他农作物丰收的节日,成为格鲁吉亚一年中最热闹的非宗教性节日之一。

第比利斯索巴节也是儿童的节日。在市内很多广场上,都有儿童表演各种歌舞节目。孩子们可以在很多地方免费领到彩色气球和格鲁吉亚国旗。还有很多家长为满足孩子的要求,会花上一点钱,让街头画师在孩子的脸上或胳膊上画上花鸟鱼虫等彩绘图案。

9.2　格鲁吉亚的音乐文化

格鲁吉亚的民间音乐已有 1500 多年的历史,它与受东西方传统共同影响的格鲁吉亚文化巧妙地融合为一体。

格鲁吉亚人有一句格言:只要有三个男人在一起,就意味着复音歌曲已经开始。

格鲁吉亚人在餐桌上不仅要吃、喝,还要唱,因此给人留下了深刻的印象。在他们的餐桌上,有丰盛的饭菜、酒,还有祝酒词和复音歌曲,即便不懂他们的语言,也能感觉到他们浓厚的民族风情。格鲁吉亚的餐桌文化占有很重要的地位,因为餐桌上的复音歌曲、唱词唱出了祝酒词的内容,这是格鲁吉亚人上千年来流传下来的习俗。在一些重要的宴请上,用餐前主人会挑一名歌手,由他选择祝酒词的内容并领唱,其他人接唱同一个主题的歌词,如果不经主人的同意唱其他的内容,是一件非常不礼貌的事。同样重要的是,祝酒歌永远不能被拒绝。在有些地区以传统方式举行的宴会上,每首祝酒歌都必须随唱,比如,第一句的歌词是"在我们的聚会上",大家要跟着唱礼拜歌;如果领唱的歌词为"今天是上帝把我们聚在一起",大家则要接唱民间歌曲的歌词"我们的客人高兴地接受邀请"。此外,面对父母,要倾听"经过几个世纪"这样的赞歌;而表示平安的祝词则唱"平安属于我们"。总之,不同的场合有不同的祝词,所唱的内容也不同。有的地区,常常是为劳动和婚礼而唱,餐桌歌词也逐渐根据人们的喜好在改变。

　　如今,在一些大城市,人们仍然可以听到各种各样的餐桌歌,但比较多的是抒情歌曲和爱情歌曲,宗教仪式歌已不太多了;而在乡村,格鲁吉亚人则一直沿袭着用餐前要唱歌的习俗。格鲁吉亚人生活的节奏就像是他们唱歌的节奏,凡逢节日、典礼、宴请、丰收,男女老少总要聚在一起,拉着手风琴载歌载舞。格鲁吉亚这块充满歌声的土地,以其特有的民间歌唱和绚丽的民族舞蹈吸引着人们去认识、去了解、去研究。

9.3　格鲁吉亚的葡萄酒文化

　　格鲁吉亚是传统的农业国,物产丰富,在衣食无忧的生活环境中,人们不用为生存而劳苦奔波,闲暇时常聚集在一起,品尝葡萄酒,在谈笑风生中享受生活的乐趣,从而形成格鲁吉亚民族幽默、风趣的性格和对生活的乐观态度。

　　传说在上帝给每个国家分配土地时,格鲁吉亚人像往常一样迟到了。然而,当他们借口说他们实际上是在为上帝喝酒时,上帝被感动了,把他剩下的唯一的土地给了格鲁吉亚人。

　　格鲁吉亚是世界上葡萄品种最多的国家,是世界上每万平方米葡萄树最多的国家,也是世界上葡萄酒的发源地。格鲁吉亚拥有500多个葡萄品种和8000多年的葡萄栽培历史,是世界上最具发展潜力的葡萄酒生产国之一。在格鲁吉亚,70%以上的葡萄酒都产自卡克赫蒂,还有其他7个葡萄种植区:拉查、卡特利、伊默雷蒂、萨姆白格罗、古里亚、萨姆茨克-雅瓦赫蒂和阿德拉。格鲁吉亚东部的葡萄酒往往较烈,而西部的葡萄酒则相对更温和、颜色更浅,酒精浓度更低。

9.3.1　自制葡萄酒与好客之道

　　也许是由于格鲁吉亚悠久的酿酒历史,也许是作为庆祝的一个借口,收获季节是格鲁吉亚一年中最喜庆的时期。因为客人被认为是上帝派来的,任何人,不仅仅是家人和朋友,都可以加入进来,伸出援助之手来收割庄稼。作为回报,酿酒师为了感谢他们的帮助,感谢他们的辛勤工作,会在桌子上摆满传统的格鲁吉亚菜肴、葡萄酒。几乎每个家庭都会酿造自己的葡萄酒,并自豪地与邻居和客人分享。"没有人会在早上醒来的时候想着葡萄酒,他们会在早上醒来的时候想着和谁分享",好客是格鲁吉亚人的优点之一。

9.3.2　古老的酿酒方法

格鲁吉亚葡萄酒的生产方法与一般的葡萄酒不同,格鲁吉亚人不使用橡木桶发酵、储存或陈酿葡萄酒,而是使用最古老的 qvevri(粘土烧制的陶罐)酿酒,其蛋形的陶土器皿至今仍被用于格鲁吉亚葡萄酒酿制中。

qvevri 现在是联合国教科文组织世界遗产的一部分,它被埋在地下,用熔化的蜂蜡和黏土密封,然后才能酿造出颜色鲜艳、香气独特的葡萄酒。尽管这种古老的酿酒方法在该国不到5％的葡萄酒生产中被使用,但在当地和国际上正受到越来越多的关注,欧洲酿酒师也开始接受它。

9.3.3　橙酒之乡

橙色葡萄酒近年来很受关注,又称琥珀葡萄酒,是一种鲜为人知的珍品,其酿制方法是在 qvevri 中加入葡萄皮和梗一起发酵,其结构与 qvevri 红酒相似。

9.4　穆赫庄园

穆赫庄园位于格鲁吉亚东部的卡尔特里地区,是格鲁吉亚最负盛名的庄园之一,也是历史遗迹、神奇的城堡、古老的地窖、酿酒厂和惊艳的凡尔赛花园的聚集地。作为格鲁吉亚地区令人惊叹的历史古迹,穆赫庄园每年吸引了超过 4 万名游客来参观。

9.4.1　历史悠久

穆赫,指"用橡树装饰",由古老的巴格拉季昂皇室家族后裔伊万·穆赫巴托尼王子创办。在 1875 年的法国之行中,伊万王子在波尔多和香槟地区学到了很多酿造葡萄酒的精湛技艺。回国后,他决定在穆赫庄园酿造令人倾倒的格鲁吉亚葡萄酒。自 1878 年起,穆赫庄园便开始酿造品质上乘、独一无二的葡萄酒,目前已成为格鲁吉亚一家中等规模的特级葡萄酒酿造厂,拥有占地 1.02 平方千米的葡萄园。穆赫庄园酿造的葡萄酒在全球众多葡萄酒比赛中备受好评。

9.4.2　独特的风土和优质的葡萄

穆赫庄园的地块均位于高加索山脉两山之间 540—620 米海拔的高地,周围的土壤结构表层是沙质黏土,下层是大颗河流砾石和颗粒状石灰岩。这样的土壤和气候有助于生长出品质良好的葡萄。

穆赫庄园主要种植格鲁吉亚特有的葡萄品种,除了最重要的格鲁吉亚品种——萨别拉维和卡斯泰利外,葡萄园还专门种植戈里-姆茨瓦涅、琴纳里、沙乌卡比多、塔夫克等稀有、珍贵的品种。穆赫庄园也是首个采用这些鲜被遗忘的葡萄品种酿造上乘葡萄酒的葡萄园,穆赫庄园风土条件独特,所生产出的葡萄酒既体现了其复杂性,也体现了其非凡的酿造技巧。

9.4.3　现代与传统的结合

穆赫庄园的建筑风格美丽迷人,它将历史悠久的宫殿和地下砖制隧道与现代化的酿酒厂相连(主要用于陈酿橡木桶中的葡萄酒),成功地融入周围的自然环境中。穆赫庄园一方面采用葡萄选择系统、温控罐、高科技压榨机、软泵、不锈钢罐等现代化设备酿制高品质葡萄酒;另一方面,沿袭了格鲁吉亚使用千年的古老传统的酿酒方法——qvevri 陶罐酿制。

穆赫庄园的"皇家珍藏"系列采用具有卡尔特里产区特色的葡萄品种,并采用橡木桶陈酿及个性化方式酿造,更具格鲁吉亚风格,包装上通常印有"顶级酒庄"字样。2018 年,"皇家珍藏"系列干红葡萄酒在"中国环球葡萄酒及烈酒大奖赛"中荣获"双金奖",穆赫庄园也在此次大奖赛中斩获另外 7 项大奖。

9.5 格鲁吉亚建筑

格鲁吉亚位于高加索地区的黑海沿岸要地,地处俄罗斯、土耳其及阿拉伯国家之间,在经历了漫长复杂的历史沿革后仍然不被我们所熟悉,但西方建筑界似乎没有遗忘这个神秘的国家。德国建筑博物馆罕见地利用庆祝格鲁吉亚成为 2018 年法兰克福国际书展荣誉嘉宾的契机,举办了关于格鲁吉亚的建筑展览,以见证的态度展示了交织苏联野兽派、至上主义、阿拉伯元素等的建筑。由于地理带来的壮观场面,格鲁吉亚国家图书中心对建筑案例的收集和发布等一系列动作,也向世人揭开了这耐人寻味的古国面纱。

第比利斯的"玫瑰革命广场",原本伫立着建造于 10 世纪的拜占庭及阿拉伯帝国统治时期的典型民族融合风格的宫殿式裙楼。19 世纪 80 年代初,由于苏联建筑界热捧的宇宙风来袭,这组裙楼面对广场的地方建立起一座 7 组耳状竖向弧面造型的名为"太空拱"的纪念门廊,每组门廊内部又有逐渐缩小的 3 组小门廊,其形态既像是地面升起来的大尺度广播喇叭,又像是被抽象了的拱桥,巧合是后来"玫瑰革命广场"中花朵的意象在这里也可以找到,这种造型看似简单,却带有 3 种文化的味道,可作为格鲁吉亚的建筑典型代表作之一。

而结合了至上主义、野兽派、宗教意味的另一代表则是格鲁吉亚第比利斯高速公路及交通运输部大楼。这栋 20 世纪 70 年代初期设计好并开始施工的建筑由一种十字架形制的单元组成,耸立云霄的多个十字架上下穿插,形成一种叠加感,似乎这种单元的复制将永远进行下去,直至宇宙的尽头。可惜的是这栋建筑由于某些问题并没有完全完工,原设计图中形似船坞的副楼并没有修建完成,这导致这栋楼的造型没有了视觉和结构上的根基,似乎从天上飞来一样。

2007 年,这栋建筑被格鲁吉亚银行收购改造,建筑师在十字架单元底部增加了密致的块状装饰,以削弱至上主义及野兽派的元素,并且在原设计图中的副楼位置设计了玻璃方形结构来增加现代主义特征,整个立面也被重新规整和精致化,更接近当代审美所推崇的装饰逻辑。

轻松感是如今格鲁吉亚的建筑主题,可以明显地感觉到整个国家都开始摒弃原先所谓宇宙主义的凝重和荒芜,最有代表性的是格鲁吉亚音乐厅与展览中心,其造型是两只随意摆放在地面上的金属酒杯,西侧是展览中心,东侧是剧场,剧场似乎向着广场流出美酒,美酒凝固处便是剧场的主入口。两只酒杯由铝合金形成螺旋空间,除必要的内部平台支柱外,没有其他柱子。酒杯的外皮为上下两部分,上部为全玻璃幕墙,下部则为反光曲面金属板。

2012 年,在格鲁吉亚山城梅斯蒂亚有两个重要作品:一是形同雪山冰雕的警察局,二是如滚石下山般的裁判所。两栋建筑异曲同工,立面逻辑极为相似,通过玻璃幕墙和粗糙涂料的运用,这两座建筑融入了环境之中,并带给人一种进去取暖的冲动,这样的温情是整个高加索山脉地区文化的重要特征。建筑师想要做出感人的作品往往需要深入研究当地风土人情,这一点曾经因意识形态问题在该地区受到了忽视,现在则慢慢通过一个个建筑物走回了正轨。

综上,格鲁吉亚建筑将现代元素和趣味性、地域性等进行了另一种意义的交织,这样的更新迭代有令人感动的意味,也顺应了地区的发展走向。

第10章

阿塞拜疆

阿塞拜疆共和国位于欧亚大陆交界处南高加索地区东部，东临里海，南邻伊朗，北靠俄罗斯，西接格鲁吉亚和亚美尼亚。据苏联和西欧权威史料记载，阿塞拜疆以及整个高加索地区属于西南亚，而在一些美国史料中阿塞拜疆也被视为中东国家，但是因为大高加索山脉为亚欧分界线，所以阿塞拜疆的部分领土属于东欧，另一部分领土属于西亚。

阿塞拜疆面积为8.66万平方千米，是一个与火有着不解之缘的外高加索小国，国名"阿塞拜疆"就意为"火的国家"。与此同时，阿塞拜疆也不缺水，它东临里海（咸水湖，原为古地中海的一部分），海岸线长800多千米，巴库、戈布斯坦等主要城市就在里海边。巴库国旗广场边的海湾里停泊着无数只采油船，海水上泛着些许油花，在夕阳的映衬下五颜六色，颇有巴库特色。阿塞拜疆之所以被称为"火的国家"，是因为它的石油资源丰富，稍遇火源，地表下的石油就会熊熊燃烧，仿佛燃烧的是焦黄的土地，这种现象被称为"地燃"。

10.1　首都巴库

巴库是阿塞拜疆共和国首都和第一大城市,全国政治、经济和科技中心,是一座历史悠久的文化名城,是世界重要的文化遗产地之一。不仅有"石油城"之美称,还是一座旅游资源丰富的美丽古城。巴库深受其他外族文化的影响,融波斯、突厥和希腊风味于一体的建筑比比皆是。

巴库城坐落于一块高高的悬崖上,城区的最高部分是沙赫王宫的豪华宫殿,也许高高在上正是为了显示王权的肃穆庄严。其城墙由一块块经打磨抛光的石头连接而成,浑然一体似乎见缝难以插针。可见,当时工匠的技艺是多么高超。

世界自然风光很多,但能被称为"爱和唯美性"与"万般风情和旷世绝美"的唯有高加索山脉。巴库的自然风光优美迷人,吸引了不少游客来此旅游和疗养。每年 10 月 5 日,巴库都要举行"高加索旋律艺术节"。

10.1.1　巴库古城的历史背景和遗产价值

阿塞拜疆是古代丝绸之路上的重要交通枢纽,首都巴库位于里海西岸阿普歇伦半岛南部,城区环抱巴库湾,由滨海向腹地延伸,呈现小街区、密路网的特征。这里有世界第一口工业油井,油气资源丰富且时常发生喷发,这种自然现象在古代被视为神灵的表现,阿塞拜疆人因而产生了对火的崇拜,继而形成了拜火教。巴库城郊约 1 小时车程的地方有一个拜火教的宗教建筑遗产古迹火祠,是古时印度教湿婆派来朝拜并迎取圣火的圣地。建筑呈"回"字形布局,中央为古代拜火教火祠,四周被教徒们来巴库朝圣时所居住的馆驿环绕。

巴库古城的历史可以追溯到公元 8 世纪,古城中还完好保留着当年的驿站,现在已成为当地的特色餐厅。古城的核心是内城,不仅拥有充满魅力的迷宫般的狭窄巷道和古老的建筑,还保留了 12 世纪时期的防御城墙和城门。12 世纪建成的少女塔的前身历史可以追溯到公元前 7 世纪到公元前 6 世纪,现存少女塔是在早期建筑的基础上构筑的。

建成于 15 世纪的希尔万沙宫是阿塞拜疆中世纪建筑杰出典范之一,位于巴库古城的至高点,是希尔万尼王朝于 12 世纪定都巴库后开始修建的宫殿建筑群,其各部分于不同时期建成,历史上经历了几废几建。现存的希尔万沙宫建筑的上一次大修是在 20 世纪末即列入《世界遗产名录》前夕。

2000 年,城墙围绕的巴库内城及其希尔万沙宫和少女塔作为文化遗产被联合国教科文组织列入《世界遗产名录》,其理由是:巴库古城的建筑深受拜火教、萨桑王朝、阿拉伯、波斯、希尔万尼、奥斯曼和俄罗斯文化的影响,是古代城市整体布局和古代建筑中杰出而稀有的典范。

10.1.2　巴库古城的保护

阿塞拜疆在苏联时代就比较重视古迹文物保护,于 1932 年开始对希尔万沙宫进行整理修缮。19 世纪 80 年代,巴库古城外东北方向的市中心区域曾进行过大规模的环境改造和更新,19 世纪 60 年代修建的老街心公园正位于该区域的重要地段上,是几条步行街的交汇处。沿街住宅和公共建筑都是 19 世纪末 20 世纪初修建的,有大量文化、商业设施,如影剧院、商店、咖啡馆、餐厅等,这些街道是巴库市民休闲购物的好去处。改建的老街心公园及喷泉广场,使两个方向的街道连通,形成市中心步行系统。周边的建筑经过多次整修,去除了立面上杂乱的电线、管道和破旧的广告牌,统一安装了新的店名招牌。建筑的立面经过清洗、修补,被复原为最初的风貌。电话亭、路灯、标识导引系统经过了统一的设计。广场用深灰色小块石材按扇形排列铺装,并用白色石材勾勒出波纹状图案。

2000 年入选《世界遗产名录》后,巴库古城不幸在当年 11 月发生的地震中受损,300 多座建筑物倒塌。由于缺乏专业的指导和管理规划,巴库古城的灾后重建工作异常艰难。3 年后,由于严重的地震破坏和其附近城市开发所带来的受损隐患,世界遗产委员会将巴库古城列入《濒危世界遗产名录》。之后,世界遗产中心和咨询机构一直对巴库古城给予帮助,缔约国也积极地配合。在多方努力下,巴库古城终于在 2009 年的第 33 届世界遗产大会上成功摘掉了"濒危"的帽子。

此后,经过 7 年的努力,2016 年举行的第 40 届世界遗产大会将巴库古城与其他 3 处世界遗产一同评为"精选案例"。

10.1.3　希尔万沙宫殿和少女塔

希尔万沙宫殿位于阿塞拜疆巴库城内,与少女塔一起构成了被列入联合国教科文组织世界历史遗迹名录的历史遗迹群,被联合国教科文组织称为"阿塞拜疆建筑的一颗明珠"。希尔万沙宫殿是希尔万尼王朝时期的宫殿,该王朝从 6 世纪到 16 世纪统治着阿塞拜疆北部的希尔万州。1191 年,一场灾难性的大地震摧毁了当时的首都舍马基,希尔万尼王朝的子民迁居至巴库,同时为希尔万尼汉王的宫殿建筑打下了地基。有趣的是,这座著名的宫殿建筑群各部分并不是同时建成的,对于整个建筑群而言,并没有整体计划,各个建筑物实际上是根据当时的需要一点一点修建的。

少女塔高 27 米,圆柱状,共 8 层,在 1304 年经受住了大地震的考验,当时,许多居民住宅都被夷为平地,只有少女塔安然无恙。关于塔名的起源众说纷纭,一说从前有一对恋人,女富男贫,姑娘的父亲不同意这桩婚事,把姑娘关进塔里。姑娘为了表示对爱情忠贞不渝,含恨跳入塔下波涛汹涌的里海,小伙子也以身殉情;另一说法是,在战争中,此塔保护了无数少女,使她们免遭外敌蹂躏,因此得到这个美丽的名字。少女塔的建筑设计十分巧妙,圆形部分朝北,寒冬季节使北风绕塔而去,塔的突出翼朝南,每到夏季,将凉爽的南风导向城内,因而塔后的巴库老城始终冬暖夏凉。少女塔每层都有防御设施,可倾泻滚烫的熔铅或投下燃烧的石油火把,而且每层可容纳 50 余人,塔内有一口水井,四季清凉甘美。在 2000 年,希尔万沙宫殿和少女塔被联合国教科文组织列为世界遗产。

10.1.4 巴库建筑

近年,巴库城市建设飞速发展,涌现了一批对标迪拜的跨时代新建筑。地标性建筑巴库火焰塔,位于巴库古城外西面地势最高的山顶至高点上,以 3 座火焰造型的 140 米高塔楼体现了对拜火教的传承和延续,为城市的天际线创建了一个独特的焦点,在巴库古城内处处都能看到这组酷炫建筑。火焰塔附近山下的街道上有一座造型现代的立面为锯齿状玻璃幕墙的酒店,建筑形态简洁大方,构造细部精致,有一定的标志性,锯齿状扭曲的玻璃幕墙立面似乎传递出火焰的感觉,也是对拜火教文化的一种传承。位于新城区的阿利耶夫文化中心,有着颇具流动性的建筑形态,这使建筑、室内、广场、景观天衣无缝地形成一个整体,极具标志性和现代感的设计彻底改变了首都的城市形象。

地标建筑"七峰"坐落在巴库新月形的海湾里的齐拉岛上,将成为一个零能耗城市可持续化发展的范本,并且拥有从城市海岸线可见的极具标志性的天际线。

巴库新城建设充满了雄心壮志,造型非常张扬,力图重塑国家认同感,但不论建筑形态有多么酷炫,为了保护巴库古城历史风貌,这些现代化的新建筑都在古城以外的新城区建造,并且,尽量减小对古城空间环境的影响,同时建筑形态也都注意从地域文化和历史传承中找到与古城的某种关联。

10.2　戈布斯坦

　　戈布斯坦在阿塞拜疆语中意为"沟壑纵横的地方",位于阿塞拜疆首都巴库西南方向 60 千米处,该地区位于大高加索东南支脉和里海之间,为丘陵多山地带。戈布斯坦的最北端是高加索主山脉向南延伸地带,最西面是皮尔撒柴河,最南端是米朔夫达克和哈拉米山,最东面是里海沿岸和阿布歇隆半岛。戈布斯坦从北到南纵贯 100 千米,从西到东横跨 80 千米,属于亚热带干燥气候,冬季相对温暖,夏季比较炎热。主要的河流为杰伊兰克奇梅兹河。伯尤克达士山有泉水及井水,地下水蕴含石灰岩沉淀。几千年前戈布斯坦的自然环境被认为适宜人类生存,这一点可以从形形色色的动物岩画和考古研究结果中得到证实。

　　戈布斯坦山区汇聚着石器时代至其后各个时期古阿塞拜疆人的遗迹——包括岩画、古村落遗址和其他遗存、最新研究的墓碑等,这些原始社会的遗迹从多方面反映了古阿塞拜疆人的生活、文化、风俗、习惯等,岩画是先祖们所能想到的记录文明并传承历史的最佳方式。岩画是在 1939 年至 1940 年间经由贾法尔扎德的研究为科学界所知,贾法尔扎德发现了大约 3500 处岩石雕刻、绘画和标记,还有墓穴、岩洞等。从 1965 年起,一支由鲁斯塔莫夫和穆拉多娃带领的科考队开始了对戈布斯坦遗迹的研究工作。他们对 20 多处住所和洞穴、40 多个墓地进行考古研究,发现并记录了多达 300 处新的岩画。目前已知的戈布斯坦岩画多达 6000 幅。根据那些累积下来保存至今的材料可以推断,戈布斯坦的岩画和石刻可以上溯到五千年至四万年前,并一直延续到中世纪。在这个跨度很长的时期内,除去自然灾害对原始居住环境的影响而造成的短期停顿,这里的生命迹象从未间断过。戈布斯坦的岩画题材十分广泛,数量巨大,包括动物、植物、日月星辰、古代部落图腾、最具代表性的男人和女人的图案、乘"吉格里斯"船航行等图案及原始人狩猎、歌舞、斗牛、收割、集体劳动的场面等,全面反映了氏族部落丰富多彩的活动。戈布斯坦岩画于 2007 年被联合国教科文组织列入《世界遗产名录》。

戈布斯坦岩画分为 6 期,分别是旧石器时代、新石器时代晚期、铜石并用时代晚期、青铜时代、铁器时代、中世纪时期。

旧石器时代的岩画雕刻有身躯拉伸的短腿欧洲野牛、浅浮雕绘画手法所绘制的女性、携带着弓箭的男性猎人。女性的形象则有两类:一类称为"Venuses",身形模糊,不太容易分辨;另一类女性形象已经固定化,胸部和臀部非常凸出。其中在同一块岩石上出现了猎人、女性、欧洲野牛和船只的叠加图像,其中女性图像的雕刻时间是最早的,船只现今命名为"吉格里斯"船,乍一看还以为是条蜈蚣。新石器时代晚期的岩画则多是野生的牛、马的图像。

铜石并用时代晚期出现了大量的鹿和山羊的图像(和现今的牛羊比例相似),还有一头野猪和一些驯养的动物的图像,也出现了狩猎场景和魔法仪式场景的图像。

青铜时代的岩画以山羊、鹿为主。铁器时代的图像出现了新的场景,有人类驯鹿的图像和献祭的图像。中世纪时期出现了大量的手持长矛的猎人的图像、部落的图像,还有阿拉伯和拉丁字母的残迹。这些岩画内容反映了古阿塞拜疆人的生活场景,浅浮雕绘画手法是戈布斯坦岩画的创作特征之一。在整个戈布斯坦的岩画上,人群分为猎人、干活的人及部落首领。最古老的人物图案产生于旧石器时代,岩画中胸部和臀部凸出的女性形象,明显带有母性的象征意味。研究人员认为,女性图案和身形特点体现了种族的延续和对女性的崇拜。有些岩画中的女性手握弓和箭,有些穿戴着衣服和饰品。戈布斯坦岩画中的男性形象则是携带弓箭的猎人,身材高大匀称,腿部肌肉紧实,腰系佩带,大多肩挎弓箭,或手执回旋镖状的武器,通过腰带可以推测当时的衣着和天气状况。除此以外,还有一些男性和女性舞蹈的场景。

　　戈布斯坦岩画是阿塞拜疆自旧石器时代一直延续至中世纪的岩石艺术,持续时间最长,位于大高加索东南支脉和里海之间的丘陵多山地带,经历了旧石器时代、新石器时代晚期、铜石并用时代晚期、青铜时代、铁器时代、中世纪时期。从已发掘出的 6000 多幅岩画中所涉及的包括动物、植物、日月星辰、古代部落图腾、最具代表性的男人和女人的图案、乘"吉格里斯"船航行等图案及原始人狩猎、歌舞、斗牛、收割、集体劳动的场面等图案和形象可以推测,几千年前戈布斯坦的自然环境适宜人类生存,戈布斯坦的古代居民在此创造了多元的原始部落文化,从渔猎、狩猎活动的出现一直到人类开始驯养动物,经济生活、日常生活的各个方面在这 6 个时期不断地绵延发展,原始艺术和宗教信仰也已出现并不断传承,甚至还将宗教的重要性刻画在岩石上保存至今,这些都是阿塞拜疆文化在此地长期延续的见证。

10.3 阿塞拜疆建筑

阿塞拜疆的建筑具有建筑美学和历史价值。国内的建筑遗产数目众多,而且大多数古建筑都被完整地保存了下来。根据建筑材料的不同,阿塞拜疆的建筑大致可以分为两种:其一是巴库、舍马哈周围的石制建筑,其二是纳希切万、占贾和巴尔达等地区的砖制建筑。

阿塞拜疆新石器时代和青铜时代的代表性建筑物是位于小高加索山麓和纳希切万的巨石遗迹以及史前住宅遗迹。保存至今的阿塞拜疆北部建筑遗产主要是舍基区基什村 6 世纪的教堂、加巴拉市郊区 7 世纪的奇拉格卡拉要塞遗址、列基特村 6 世纪的石灰石和用砖建造的圆形寺庙、明盖恰乌尔地区 7 世纪建造的砖砌寺庙群。阿塞拜疆早期的建筑是防御工事。7 世纪阿拉伯人入侵阿塞拜疆之后,伊斯兰文化盛行,当时建造了一批清真寺、尖塔、宗教学校、烈士陵墓和防御工事。阿塞拜疆最古老的伊斯兰建筑是 8 世纪的艾格苏清真寺和朱马清真寺。

9—10 世纪,阿拉伯人在阿塞拜疆的统治衰落,在一些城市(如巴拉达、贝拉干、占贾和纳希切万)出现了一批建筑艺术学校,其中纳希切万建筑艺术学校以陶瓷装饰著称。该学校的开创者是建筑师阿杰米的儿子阿布别科拉·纳西切瓦尼,他的代表作品是高 34 米的马米涅-哈通十面棱锥顶陵墓。该陵墓艺术地装饰了复杂的几何图案和文字。除了纳希切万建筑艺学校,阿塞拜疆还建立了希尔万-阿布歇隆建筑学校和阿兰建筑学校。该学校以石制墙面和浮雕装饰等建筑元素出名。

建于11—13世纪的桥梁至今仍很坚固,体现了阿塞拜疆高超的建筑艺术。12—13世纪阿塞拜疆的优秀建筑有莫米纳·哈图姆陵墓、朱尔法陵墓(纳希切万)、巴库少女塔等,巴库少女塔也是阿塞拜疆最古老的建筑。

15—16世纪,砖砌和石砌建筑迅速发展,当时最著名的石制建筑是巴库希尔万沙宫殿。巴尔达地区继续保留着当地的塔陵传统,有名的塔陵有12面棱锥塔陵、拉马纳村14世纪城堡以及有趣的双层圆顶陵墓。阿塞拜疆最辉煌的宫殿是建于15世纪的巴库希尔万沙宫殿,现为国家文物博物馆,该宫殿有3个庭院,包括季万-哈涅宫殿和陵墓、赛义得·叶海亚·巴库维墓、清镇寺及清真寺墓和东门。

17—18世纪,受伊朗和土耳其战争的影响,国内只有小部分建筑得以建造,如占贾文化建筑群、舍基装饰绘画宫,民间建筑仍旧保持传统的建筑风格。中世纪的著名建筑还有阿布歇隆半岛上的苏拉哈内庙、阿拉斯河上的桥以及一些陵墓。18世纪的舍基可汗宫堪称建筑精品,宫殿的正面装饰了漂亮的彩色玻璃,内部装饰了丰富多彩的以植物、动物、鸟为题材的内景画,以及几何图形和描写战斗和狩猎的图画。

19世纪,阿塞拜疆并入俄国之后受俄国文化影响深刻,对建筑的影响体现在巴库建筑既融合了俄罗斯元素,又加入了西欧古典元素,传承传统民间建筑风格,可以说阿塞拜疆的建筑艺术结合了东西方的艺术特点。伊斯兰时期留下的痕迹最为明显,建设了大批清真寺、清真寺塔、陵墓、驿站、穆斯林学校和城堡。19世纪石油开采热潮发生时,欧洲文化渗透到巴库,近代建筑的巴库地铁以华美的欧式装饰而闻名。阿塞拜疆还保留了阿尔巴尼亚高加索建筑风格的辉煌建筑古迹:列基特寺庙群、基什村和库姆卡赫地区的建筑、舍基地区的奥尔塔-泽伊济特建筑。19 世纪形成了带玻璃廊画房屋建造模式。现代风格建筑的典型代表是巴库马伊洛夫剧院,这座剧院是巴库最美的建筑之一。1926 年建筑师捷尔修建了公共会议俱乐部、第比利斯银行巴库分行(后来的"儿童世界")、商业学校(现在的教育学院)等建筑。约瑟夫设计了市政杜马大楼、穆斯林学校和一座剧院。在世纪之交,巴库建造了许多代表性建筑:建筑文学馆、塔扎毕尔清真寺、水手俱乐部、大都会酒店、波兰教堂、现象电影院、新欧洲酒店、穆赫塔罗夫宫等。卡拉巴基的建筑作品融合了阿塞拜疆传统和浪漫主义元素,他在阿格达姆、费祖里和舒沙建造的巴尔达清真寺结构稳固,仅采用了阿塞拜疆传统建筑元素。为巴库市现代形象做出杰出贡献的建筑师是人民建筑家迈克尔·屋谢因,他的作品多为巴库的标志性建筑。

阿塞拜疆著名的宫殿有巴库希尔凡沙宫殿群、舍基可汗宫、舍基客栈和纳希切万可汗宫。

阿塞拜疆著名的要塞有巴库少女塔、巴库堡垒和舍基要塞。

阿塞拜疆著名的陵墓有朱加墓、阿格达姆地区的肯格尔利墓和哈钦-多尔巴特雷墓以及马拉泽-舍马欣地区的季利-芭芭墓。

10. 4 阿塞拜疆习俗

10. 4. 1 家庭和婚姻

20 世纪前,阿塞拜疆常见的家庭结构是父权家庭结构,一家之主有权控制家中的一切财产,但不包括妻子嫁妆。没有一家之主的家庭,其财产按照沙里亚教义分配,儿子比女儿分得的财产多一倍,遗孀只得到家中财产的八分之一和婚内约定的财产。

阿塞拜疆革命前,农村地区保留着传统家庭观念。老年男子地位很高,直接参与家中大小事务的商定,妇女及年轻人和儿童不能参加家中事务的讨论,但是处理家中事务时老年男子会听取受到尊重的老年妇女的建议。在家庭中,小辈无权违反父辈的决定。在当今的阿塞拜疆,尊老仍然是社会生活的基本要求。家庭中男人比女人有更大的特权。还未生育的媳妇不能见任何一位家中老人,她必须用头巾把自己的脸遮盖起来,也不能大声说笑。育儿中的年轻母亲可以保持躺姿。女孩完全服从于她的母亲和祖母,如果夫妻和公婆住在一起,他们的女儿必须回避家中所有男子,也不能进入家中老人的房间。儿子和女儿的地位则完全不同,六七岁的男孩儿就要开始接受父亲和祖父的教育,包括宗教教育。

苏联时期,阿塞拜疆的家庭传统彻底改变。重男轻女的陋习几乎彻底消除,构建新家庭的两个年轻人在法律上平等,在经济上独立。女人和男人一样可以在农业、工业、建筑业、文化机构中工作。男孩和女孩在同样的家庭环境中长大,都可以上幼儿园、小学和寄宿学校等。

阿塞拜疆各少数民族也拥有独特的家庭观念与传统。高加索地区的沙赫达格人一直到革命前都在封建宗法制条件下生活,农民大多为莱雅人。19 世纪,在沙赫达格人和莱雅人中维持已久的家庭宗法制解体,这使得有一小部分大家庭分解为几个小家庭。塔特人喜欢与表亲或堂亲结婚,遗孀常嫁给亡夫兄弟或者姐妹常嫁给同一男子。过去,乌金妇女只有在生下儿子之后才有和公公说话的权利。在塔雷什地区,以前是一夫一妻制和一夫多妻制并行,但是现在塔雷什妇女在很大程度上不受宗教的影响。

现代阿塞拜疆家庭生活中虽然保留了许多传统习俗,但是增添了许多新的特点。首先,父母非常尊重孩子的选择,很少会干预儿女的择偶问题。其次,通常是由受到尊敬的年长的女性代表自己的家庭进行亲家首次会面。最后,家庭会议中,通常由年长的女性做出最后的决定。

10.4.2　民族服饰

阿塞拜疆传统服饰保留了民族独特性,这是与自然地理环境和历史上政治、经济发展不平衡息息相关的。传统的民族服饰反映了一个国家和地区的经济文化发展特点。

19 世纪以前,阿塞拜疆人的民族服装与高加索地区民族的传统服装几乎完全相同。19 世纪末 20 世纪初,阿塞拜疆女子服饰包括衬裙、外连衣裙及披肩,衬裙包括长衣和各种打褶裙,有时里面也会穿宽瘦不一的裤子;腰上系着皮带或丝带,贵妇系着有金色或银色亮片的腰带;外面再披上一件带褶长衣,冬季会穿上坎肩。妇女们通常穿颜色艳丽的袜子,袜子上面的图案和地毯花纹十分相似,出门脚上穿着鞋尖上翘的鞋子。妇女的辫子用锦缎方巾盖着,帽子通常是较低的平底帽。贵妇脖子上会戴椭圆形珠子项链,还会戴宝石戒指和手镯等饰品。妇女的指甲会涂上红褐色的指甲油。占贾和舍基地区的女子服饰以袖子腋下开口为特点。

阿塞拜疆男子传统服饰包括短袖棉布打底衣(衬衣、衬裤)和外衣(短上衣),裤子为肥大的灯笼裤。男子系皮带、银腰带和肩带。在气候凉爽地区,男子穿羊皮大衣和罩袍。在农村地区,男子穿的裘皮大衣具有袖口窄的特点。市民穿高尖头软皮靴。帽子多为白色,绣有花纹,老年男子出门戴毛皮高帽。几乎所有男子都蓄胡子。

苏联时期,相对于城市女子服饰而言,农村地区的女子服饰保留了更多的传统特点,但是所有男子服饰都具有城市特点,而且男装和阿塞拜疆邻国的服饰几乎无区别。

第11章
乌兹别克斯坦

乌兹别克斯坦共和国简称乌兹别克斯坦,是一个位于中亚的内陆国家,是世上两个双重内陆国之一。1991年宣布独立。

　　乌兹别克斯坦地处中亚中部,北接哈萨克斯坦,南连阿富汗,东接吉尔吉斯斯坦,东南接壤塔吉克斯坦,西南与土库曼斯坦毗邻,国土面积448900平方千米。全国地势东高西低,大部分为克孜勒库姆沙漠,东部及南部属于天山山脉和帕米尔——阿尔泰山脉的西缘,内有著名的费尔干纳盆地。

　　塔什干是乌兹别克斯坦的首都,也是中亚地区人口较多的城市。塔什干位于乌兹别克斯坦东北部,地处锡尔河右岸支流奇尔奇克河谷绿洲的中心,海拔440—480米。塔什干是乌兹别克斯坦的政治、经济、文化和交通中心,历史悠久,是著名的中亚古城,是古代东西方文化贸易交流的重要中心和交通要道。

11.1 世界遗产

乌兹别克斯坦是著名的丝绸之路古国,悠久的历史和灿烂的文化使其被誉为"丝绸之路上的明珠"。人们对塔什干、撒马尔罕、布哈拉、希瓦这些世界历史名城耳熟能详。乌兹别克斯坦有 4 处文化遗产被联合国教科文组织列入《世界遗产名录》,包括希瓦历史中心、布哈拉历史中心、沙赫里萨布兹历史中心和撒马尔罕文化中心。

11.1.1 希瓦历史中心

"我愿出一袋黄金,只求看一眼希瓦。"在这个中亚古老谚语中,希瓦古城的魅力尽显无遗。

希瓦市位于乌兹别克斯坦西南边界与土库曼斯坦交界的地方。希瓦是童话般的中亚古城。它犹如独一无二的历史纪念碑,保存着奇妙的古迹。希瓦的独特性在于它保存了完好的古代建筑群、美丽的宫殿、军事设施及具有民族特色的住宅。伊茜-卡拉古城(外组成部分)和迪珊-卡拉古城(内组成部分)把城市分成两部分。城市中心矗立的朱玛清真寺是中亚最古老的建筑物之一,寺内有很多形态各异的木柱。

希瓦古城与撒马尔罕、布哈拉同为古丝绸之路上在乌兹别克斯坦境内的历史名城,1990 年被列入《世界遗产名录》。但因年久失修,部分古建不同程度受损。2014 年,乌中决定合作开展希瓦古城保护修复工作,对古城内的阿米尔·图拉经学院和哈桑·穆拉德库什别吉清真寺及周围环境展开重点修复和整治,经过多年的共同努力,修复项目于 2019 年竣工。

11.1.1.1 保护丝路古城

穿过希瓦城西大拱门,随着各国游客进入城内一条小巷,可见道路两旁摆放着各种工艺品。举目仰望,一座布满了蓝、青和绿三色釉瓦的古老宣礼塔矗立在眼前。

相比古城东西走向旅游线路的喧闹,位于古城北门附近居民生活区的阿米尔·图拉经学院和哈桑·穆拉德库什别吉清真寺相对静谧。前者是 17—19 世纪布哈拉汗国和希瓦汗国时期有代表性的伊斯兰建筑,后者建于 18 世纪晚期,是古城清真寺的典型代表。

11.1.1.2 复原历史风貌

希瓦古城内,大多数传统建筑以石头、砖、木材为基本材料。一些具有悠久历史的砖一旦遭到破坏,就很难再修复。此外,希瓦地处乌兹别克斯坦与土库曼斯坦交界处,距首都塔什干 1000 千米,修复中使用的很多材料甚至在塔什干都采购不到,为此只能委托从国内定制、采购,再寄送至希瓦。

11.1.1.3 传承丝路精神

希瓦古城的保护修复是中国在中亚地区开展的首个文物遗产保护项目,也标志着中乌文化遗产保护的新起点。通过修复项目,丝路精神得到新的传承。

2017 年 5 月,在乌兹别克斯坦总统米尔济约耶夫访华期间,中乌发表的联合声明指出,"双方高度评价希瓦古城的保护修复工作,将继续推动在考古、文物保护和修复、专业人员培训等领域的合作"。

阿卜杜拉·玉素甫一家世代生活在希瓦古城,他在项目现场从事安保工作,儿子则是项目的文物修复员。看到专家们为希瓦古城修复辛勤付出,阿卜杜拉·玉素甫心存感激,逢年过节主动邀请专家们到家里做客,用抓饭等乌兹别克斯坦美食款待中国客人。

茹斯兰·撒赖夫也居住在希瓦。2016 年起,他跟随修复项目组一起工作,如今已成为一名熟练的文物修复人员。"现在不仅能在家门口工作,还学到了一门新技术,希望以后能参与更多的希瓦古城修复工作,把家乡最珍贵的建筑永远保存好。"

11.1.2　布哈拉历史中心

布哈拉是布哈拉州的首府,位于乌兹别克斯坦西南部,泽拉夫尚河三角洲上的沙赫库德运河河畔,布哈拉绿洲的中部。它是布哈拉州的行政、经济和文化中心。布哈拉地处欧亚交通要道,是古丝绸之路上的名城,有"中亚麦加"之称,自古以来是中亚地区商业、建筑技术、科学、文学艺术比较发达的城市。

布哈拉是中亚著名的古城,建立于公元前 1 世纪,已有2000 多年的历史,古城绝大多数建筑物保存完好。其中公元10 世纪穆斯林的建筑杰作及 17 世纪的一批建筑形成了著名的布哈拉历史中心。布哈拉城内有各个王朝修建的宫殿、清真寺等,被称为"博物馆城"。历史上布哈拉城是宗教和贸易中心,先后有过许多神学院和伊斯兰教高等学府,如米里-阿拉伯神学院等。布哈拉的遗迹除了大多数是 16 世纪的建筑外,还有不少很古老的伊斯兰建筑,包括著名的伊斯梅尔萨曼王陵(10世纪)、卡里安尖塔(11 世纪)和马高基·阿塔里清真寺(10 世纪和 12 世纪)等。

11.1.3　沙赫里萨布兹历史中心

沙赫里萨布兹,旧称渴石、竭石、乞史等,位于乌兹别克斯坦南部,由卡什卡达里亚州负责管辖。沙赫里萨布兹被认为是公元前亚历山大大帝东侵时期途径之地之一。中世纪时其为西域史国后来的国都。1336 年,突厥人帖木儿诞生于此地,并随后缔造了横贯中亚的帖木儿帝国。帖木儿将沙赫里萨布兹作为他夏日的居住地,并将其设为帖木儿帝国的陪都,建设新的宫殿。2000 年,沙赫里萨布兹历史中心被联合国列入《世界遗产名录》。

沙赫里萨布兹是中亚陵墓最多的城市之一。其中 Dorus-Siodat 陵墓(14—15 世纪)保存了帖木儿王室成员的墓室遗迹。由兀鲁伯修建的 Kok-gumbaz 清真寺是沙赫里萨布兹著名古迹之一。清真寺被完好地保存了下来。该清真寺圆顶直径达46 米,是乌兹别克斯坦国内最大的圆顶。

著名的帖木儿夏宫(Ak-Saray Palace,字面意思为"白宫",意为"高贵的宫殿")在沙赫里萨布兹市中心北面,建于 1380年,至 1404 年还未完工,其辉煌壮丽程度可想而知。

11.1.4 撒马尔罕文化中心

撒马尔罕市是乌兹别克斯坦第二大城市,是撒马尔罕州首府,是乌兹别克斯坦首任总统卡里莫夫的故乡。该地古迹众多,也是著名的旅游城市。目前已开通至塔什干的快速直达列车。该城位于首都塔什干西南 270 千米处的泽拉夫尚河谷地,面积 108 平方千米,其中塔吉克族人占多数,还有俄罗斯、乌克兰和朝鲜等民族,市内通用的不是乌兹别克语,而是塔吉克语。撒马尔罕是中亚地区最古老的城市之一,处于中国通往印度的交通要道,是古丝绸之路上的重镇。撒马尔罕也是乌兹别克斯坦文化中心之一,设有多所高等院校及科研机构。独联体国家唯一的一所大卡拉库尔羔羊养殖研究所设在撒马尔罕。

撒马尔罕文化中心位于乌兹别克斯坦海拔约 710 米的泽拉夫尚河畔,东北距首都塔什干 270 千米。2001 年,联合国教科文组织将撒马尔罕文化中心作为文化遗产列入《世界遗产名录》。

撒马尔罕古称马拉坝达(公元前 329 年有记载),中国古书称之称"康居",为古代索格德王国和 14—15 世纪帖木儿帝国的首都。1924—1930 年曾为乌兹别克苏维埃共和国首都。作为世界著名的古城之一,撒马尔罕与罗马、雅典、巴比伦同龄,有 2500 多年历史,在古阿拉伯文献中被称为"东方璀璨的明珠",是历史上中亚重要的政治、科学、文化中心,也是古丝绸之路上的枢纽之一。撒马尔罕古城位于今日乌兹别克斯坦首都塔什干附近,这里是当年中国通往印度、阿拉伯和欧洲的必经之地,因此四方商贾云集,各种文化互相交融,一派"国际都市"的景象。城内现存文物古迹众多,如建于 15 世纪的帖木儿家族陵墓、15—17 世纪的"列吉斯坦"伊斯兰教神学院、15 世纪的比比-哈内姆大清真寺、15 世纪的兀鲁伯天文台、11—15 世纪中亚最大的"不死之王"陵墓建筑群等。金碧辉煌的宫殿陵寝、庄严肃穆的古清真寺和神学院,还有气势恢宏的古天文台和大学等鳞次栉比的古迹,将撒马尔罕建造得就像《一千零一夜》中描述的阿拉伯神话国度。13 世纪以后,这里陆续建立起花拉子模王国和帖木儿帝国,作为历史名城和兵家必争之地,撒马尔罕一次次被烈火焚毁,但又一次比一次壮丽地重建起来,几千年屹立不倒。

11.2 乌兹别克斯坦文学

乌兹别克斯坦的文学深受伊斯兰教和伊斯兰文化的影响，古代的民间口头文学颇为丰富。随着文化的发展，文学形成两种主要类型，即宗教文学与世俗文学。乌兹别克斯坦的文学史大致可以分为以下几个时期。

11.2.1 浪漫哲学和道德教育文学时期

16 世纪以前为浪漫哲学和道德教育文学兴盛时期，这个时期又可以分为两个阶段。

11.2.1.1 从古代到 14 世纪

这是书面文学开始形成的阶段，最鲜明的代表人物是尤素甫·哈斯·哈吉甫(《福乐智慧》11 世纪)、穆罕默德·卡什加里(《突厥方言集》11 世纪)。他们的作品对随后的世俗文学的形成起了决定性作用。该阶段的特点是所谓的宗教神秘主义文学兴盛，并获得了国际上的知名度和承认。

11.2.1.2 14—16 世纪

这个阶段的特点是世俗文学高度发展。马哈茂德·帕赫拉旺、杜尔别克、卢特菲、优素福·阿米里、加多伊等人的作品体现了乌兹别克斯坦文学不断提高的技巧、独特的诗意思维和风俗特点。

才华卓越的诗人和思想家阿利舍尔·纳沃伊就生活在这个阶段。他最早使用自己民族的语言创作诗歌，是乌兹别克斯坦民族文学的奠基人。纳沃伊赋予自己的创作以真情实感和丰富的社会内容,不但描写上流社会生活,还注重反映百姓的苦难和愿望。他出版了抒情诗总集《思想的宝库》,总集分为《童年的异事》《青年的珍品》《中年的奇迹》《老年的优势》四大部分,共 2500 多首诗歌。这些抒情诗继承并发扬了波斯诗歌的传统,加入了乌兹别克族和中亚其他民族的一些新鲜内容和形式,成为中亚新文学的一份宝贵遗产。

纳沃伊不但写抒情诗,还写叙事诗。其代表作是卷帙浩繁的《五诗集》。这部诗集有 53000 多行,由相对独立的五首长诗组成。第一首《好人之虑》是哲学训诫诗,批评统治者执政不公和残忍,颂扬仁爱、忠诚、人道等美好的道德情操。第二首《莱伊丽与梅吉农》是诗体爱情小说,描写一对青年男女相互爱恋,最后因种族纠纷和社会不公而酿成悲剧。第三首《法尔哈德和希琳》是采取古代中亚广泛流行的"唱和"形式,在传统创作的基础上另辟蹊径,巧妙地将民间文学创作的情节加入先辈们书写过的希琳公主故事之中。这首爱情长诗《法尔哈德和希琳》是世界文学的经典作品之一,纳沃伊在诗中刻画了一系列为爱迷狂的人物形象。第四首《星球行》是讽喻诗,借描述古波斯国王巴赫拉姆·古尔晚年不理朝政、迷恋狩猎的故事,批评当朝统治者耽于享乐而不顾百姓死活。第五首《亚历山大之墙》,通过描述亚历山大大帝不懈征战,赞扬他亲民勤政、开拓进取的精神。

纳沃伊用乌兹别克文先后创作了 30 多部作品,其通过创作实践,证实这一古朴的语言不但词汇丰富,而且变化灵活,确实是一种文学语言。同时他还通过吸收波斯、阿拉伯等其他民族语言中的词汇,丰富了乌兹别克语的内涵。纳沃伊的名字在乌兹别克斯坦无人不晓。州府、街道、工矿、剧院、学校、博物馆乃至球队竞相以他的名字命名,在首都塔什干更有一座以他的名字命名的公园。公园的至高点上修建有他的雕像。他身着长袍,头缠部巾,右手拿着一根手杖,下巴蓄着浓密的长须,显得异常儒雅和睿智。

11.2.2　向现实主义文学过渡时期

这一时期的特点是更真实和完整地反映现实生活。这个时期可以分为三个阶段。

11.2.2.1　16—17 世纪

该阶段最鲜明的代表人物是扎希列金·穆罕默德·巴布拉、穆罕默德·萨利赫和巴巴拉希姆·马什拉布。他们首次描绘了该阶段的现实画面,在很大程度上促进了后来乌兹别克斯坦古典文学向现实主义发展的趋势。

11.2.2.2　18 世纪至 19 世纪下半期

这个阶段的标志性人物是杰出的女诗人乌魏西、纳季拉和马赫祖娜。她们积极地推进乌兹别克斯坦文学向现实主义发展。与此同时,乌兹别克斯坦首次出现了女子爱情抒情诗。当时最著名的诗人有穆罕默德·沙里夫·古利哈尼、马赫穆尔、穆尼斯·霍列兹米、阿加希。

11.2.2.3　19 世纪下半期至 20 世纪初

这个阶段出现了许多杰出的作家,其中最鲜明的代表是穆基米、富尔卡特、扎夫基等人。他们对之后整个乌兹别克斯坦文学的发展起了特殊作用。他们的作品在很大方面进行了创新,为乌兹别克斯坦文学形成新的民主方向打下了基础。他们首次创作了具有尖锐讽刺性的和幽默的作品,广受欢迎,并且至今仍保持自己的现实性。

11.2.3　新时期文学

这个时期包括整个 20 世纪,特点是起起落落、进行创作探索和产生新的乌兹别克文学体裁。这个时期还可以分为三个阶段。

11.2.3.1　20 世纪 20—50 年代

这个阶段最重要的代表人物是阿卜杜拉乌夫·菲特拉特、哈姆扎、阿卜杜拉·卡德里、加富尔·吴拉姆、艾别克、哈米德·阿利姆占。他们的作品成为古典文学与新时期文学之间的连接。他们不仅创作了符合新时代要求的作品,而且保留了以前的乌兹别克斯坦文学中的精髓。他们的作品为新时期文学打下了基础。

11.2.3.2　20 世纪 60—90 年代

这个阶段是乌兹别克斯坦文学历史上的关键阶段,作家们的创作技巧明显提高,他们创作了符合现代文学流程要求的作品。乌兹别克斯坦文学不但没有淹没在世界文学发展的洪流中,相反,其独特性更加明显。赛义德·艾哈迈德、阿斯卡德·穆赫塔尔、阿德尔·雅库博夫、普里姆库尔·卡德罗夫·埃尔金·瓦希多夫、阿卜杜拉·阿里波夫等许多作家不仅获得了广泛的知名度和认可,而且创作了符合那个时代的作品。

11.2.3.3　乌兹别克斯坦独立后的文学

该阶段乌兹别克斯坦文学的发展特点是体裁和选题多样性。乌兹别克斯坦独立后民族文学发展进入新时期,出现了一个创作高峰。文学创作不再受意识形态的束缚,更加多元化,更加注重人的灵魂与个体之间的关系,作品的民族性体现得更充分。诗歌是乌兹别克斯坦文学的领头羊。沙·拉赫曼的《祖先》《坦白》、阿·苏云的《忏悔》《白与黑》、阿·库特比金的《无解词典》、阿·萨义德的《梦》《路》等都是新诗歌的代表。当代文学队伍中吸收了许多年轻作家，为乌兹别克斯坦文学注入了激情和活力。其中哈尔米尔扎耶夫的小说《稻草人》《恐龙》《诚实》《快乐的一天》等作品具有十分浓郁的民族特色。此外，著名的作家还有阿·雅古波夫、萨·阿赫马德、乌·哈希莫夫、阿·穆赫塔尔和塔·马里克等。

11.3　乌兹别克斯坦的旅游业

作为古代中亚的文化艺术中心,乌兹别克斯坦有其独具特色的古代建筑遗址、历史和文化古迹,以及优美的自然环境。尤其是精密画、建筑装饰和雕塑等手工艺更是出类拔萃,处于世界领先水平。要想近距离领略乌兹别克斯坦的艺术风采,游览乌兹别克斯坦的历史古迹是最好的方式。

乌兹别克斯坦对旅游业的发展越来越重视,加上当地山区、河流众多,一年四季都有可供观赏的胜地。世界各地的游客慕名而来,感受乌兹别克斯坦深厚的文史底蕴,见证其现代化发展面貌。

乌兹别克斯坦优越的地理位置使其成为古丝路上贸易商队交汇之处及多元文化交流融合之处。同时,沿着古丝路的旅游也备受各国游客的喜爱,旅游区还有独具特色的工艺品出售。他们独具魅力的饮食文化及乌兹别克斯坦人民与生俱来的热情好客都令游客心生向往。

除了丰富的旅游资源优势,政府对旅游业的重视也是乌兹别克斯坦旅游业蓬勃发展的重要原因。1999 年 8 月,乌兹别克斯坦出台了《旅游法》,为当地旅游业发展提供了坚实的法律基础。此后,包括吸引投资、旅游产品多元化、培训旅游专业人才等在内的系列具体举措稳步实施。

为进一步丰富旅游产品,近年来,乌兹别克斯坦在开发传统旅游基础上,积极推广新型旅游方式,如利用自然保护区、国家公园等资源开发生态旅游。此外,地质游、医疗游、登山漂流游及美食游也被逐步开发出来且广受游客欢迎。

为进一步加速旅游业发展,提升乌兹别克斯坦国际形象及知名度,一方面,乌兹别克斯坦每年举办塔什干国际旅游交易会。该旅游交易会是中亚地区最大的旅游论坛,是业界人士共商行业前景、寻求合作机遇的优质平台。另一方面,乌兹别克斯坦还积极参与国外举办的旅游展会,在让世界对乌兹别克斯坦丰富旅游资源有更多认识的同时,自身也更好地掌握国际市场趋势,加强与外国伙伴的合作。

11.3.1　"太阳城"——塔什干

塔什干是乌兹别克斯坦首都、中亚地区第一大城市,也是中亚地区重要的经济和文化中心。它位于乌兹别克斯坦东北部、恰特卡尔山脉西面,地处锡尔河支流奇尔奇克河谷绿洲的中心,海拔 440—480 米,面积 260 平方千米。塔什干是古代东西方文化贸易交流的重要中心和交通要冲,著名的丝绸之路便经过这里。我国古代的张骞、法显、玄奘都曾在这里留下足迹。重建后的塔什干是一座新型的欧洲化城市。从空中鸟瞰,它宛若浮在绿海上的花园,青葱秀丽。塔什干是中亚最大的交通运输枢纽,铁路车站、飞机场等设施齐全,不仅地上交通发达,地下也有铁路环绕全城,十分方便。

11.3.2　中亚的雅典——撒马尔罕

撒马尔罕是中亚最古老的城市之一、撒马尔罕州的首府,也是著名的旅游城市。关于它的记载最早可以追溯到公元前 5世纪,善于经商的粟特人把撒马尔罕建造成一座美轮美奂的都城。公元前 4 世纪,马其顿帝国的亚历山大大帝攻占该城时不禁赞叹:"我所听说到的一切都是真实的,只是撒马尔罕要比我想象中更为壮观。"2500多年以来,印度、波斯、突厥、中国等国家都曾在此留下足迹,同时留下的还有灿烂的精神财富。这使撒马尔罕成为公认的"世界文明的十字路口"。诸多古文明交融碰撞,经过历史更迭和岁月发酵,汇集成绝美的撒马尔罕古城胜景。2001年,联合国教科文组织将撒马尔罕城列入《世界遗产名录》。

11.3.3 建筑瑰宝——布哈拉

在2000多年的历史变迁中,古城布哈拉奇迹般地保留了几乎每个时期的建筑。这些古建筑设计独具匠心、极负盛名、错落有致、交相辉映,使布哈拉弥漫着浓厚的伊斯兰教色彩。这些建筑设计元素及城市布局影响了中亚地区大多数城市的建设风格,是中亚建筑艺术史上的瑰宝。布哈拉城现存约140座古代建筑和历史遗迹,在穆斯林世界中占有特殊地位,被冠以"中亚建筑博物馆之城"的美称。

11.4　乌兹别克斯坦的建筑艺术

　　乌兹别克斯坦的建筑艺术以规模宏大、华美壮丽的伊斯兰风格著称。20 世纪以前的建筑艺术的主要类型是清真寺、哈纳卡(接待朝觐者的建筑,设有清真寺和住房)、伊斯兰学校和陵墓。20 世纪以后,在苏联建筑艺术的影响下,兴建了一批传统与现代相结合的建筑。

　　20 世纪 30 年代,乌兹别克斯坦制订了安集延、布哈拉、撒马尔罕、塔什干和费尔干纳等城市的改造计划,建设了奇尔奇克和塔什干纺织集团建筑群等社会主义类型的新城。一些社会建筑使用了构成主义和新古典主义方法,1931—1932 年在塔什干建设的政府大楼和 1938—1940 年建成的塔什干师范学院是其典型代表。大量当地装饰艺术工匠参加了修建,因此这些建筑蕴含了典型的中亚民族建筑特色。

　　1941—1945 年苏德战争期间,许多企业和人口被疏散到乌兹别克斯坦,于是乌兹别克斯坦开始了特别迅猛的工业建设,开启了塔什干和阿尔马雷克、安格连、阿汉加兰、别卡巴德等新工业中心的建设总规划。由于金属材料和木材不足,广泛使用当地独特的构件,其中包括所谓的乌兹别克斯坦拱顶。1938—1947 年在塔什干建成的阿利舍尔·纳沃伊歌剧和芭蕾舞剧院对乌兹别克斯坦的建筑艺术产生了显著影响,因为它的经典建筑形式结合了传统的中亚装饰。

　　20 世纪 60—80 年代,乌兹别克斯坦的建筑师和工程师转向了工业化的建筑方式,他们掌握了使用大型预制板和大型砌块的方法,建造了许多高层建筑。在设计各种设施时越来越多地考虑炎热的气候和高地震烈度的特点。这些新原则在 1966年地震后塔什干重建过程中得到了明显体现。设计师和建设者们的积极、创造性的参与保证了塔什干在符合现代城市建设要求的水平上在短时间内得到重建。20 世纪 60—80 年代,乌兹别克斯坦公共建筑物的特点是规模宏大、空间结构清晰和实用性强。塔什干的艺术宫(1962—1964 年)、部长委员会大楼(1965—1967 年)、乌兹别克斯坦民族历史博物馆(1970 年)、乌兹别克斯坦展览馆(1974 年)、电视塔(1981 年)和撒马尔罕的撒马尔罕宾馆和旅游者宾馆等都是典型代表。这些公共建筑在装饰时广泛使用了具有民族风格的精美绘画和雕塑。

　　乌兹别克斯坦获得独立后,现代建筑艺术的新阶段开始了,主要内容是结合世界文化成就恢复固有的民族传统。在很短的历史时期内,乌兹别克斯坦城市和乡村的面貌发生了根本变化。安集延、布哈拉、卡尔什、浩罕、马尔吉兰、撒马尔罕、塔什干、铁尔梅兹、乌尔根奇、费尔干纳、沙赫里萨布兹等一系列历史古城得到修复和完善。首都塔什干独立广场上的建筑完成了总体改造:重新修复了总理府和内阁大楼,新建了议会大厦、独立拱门和"哀伤母亲"纪念碑。独立拱门设在独立广场的东部入口处,16 根白色大理石柱子呈拱形排列,构成一道雄伟的大门。拱门上方是乌兹别克斯坦的吉祥鸟,它也是国徽上的主要图案,象征和平与安宁。"哀伤母亲"纪念碑位于独立广场北部,用以纪念在反法西斯战争中牺牲的烈士和为争取民族解放和国家独立而献身的人们。纪念碑两侧是具有民族建筑风格的木雕长廊,14 根木雕柱子代表乌兹别克斯坦的 14 个行政区。

　　1995 年,在阿木尔·帖木儿广场西北修建了帖木儿家族历史博物馆。博物馆的建筑设计把帖木儿帝国的创建者阿木尔·帖木儿的陵墓的穹顶造型艺术发扬光大。穹顶高 30 米,直径 24 米,穹顶下悬挂着巨大的枝形吊灯。穹顶内部用甘奇水泥雕刻小型彩色植物图案,在天蓝色背景下用金箔突出重点,延续了阿木尔·帖木儿陵墓穹顶的建造风格。

11.5　"案板电影"

乌兹别克斯坦是中亚国家中最先出现电影的,1897 年于塔什干首次放映电影,1919 年教育委员会内设电影部,1923 年扩建为突厥斯坦电影部。乌兹别克斯坦的第一个电影制片厂"布哈拉电影制片厂"成立于 1925 年。因此可以说,苏联时期的电影人,如卡米尔·亚尔马托夫(Kamil Yarmatov)、拉维尔·巴特罗夫(Ravil Batyrov)、马利克·卡尤莫夫(Malik Kayumov)等为 20 世纪初的乌兹别克斯坦电影带来了人气,而 20 世纪 60 年代的著名电影人,如舒赫拉特·阿巴索夫(Shukhrat Abbasov)、埃廖尔·伊什穆哈梅多夫(Elyor Ishmukhamedov)、阿里·哈姆拉耶夫(Ali Khamrayev)等则让乌兹别克斯坦电影获得了世界知名度。历史、传记等一批影片也在 20 世纪 60 年代被搬上银幕,70 年代,影片的趣味性、欣赏性得到重视。

在 20 世纪 90 年代独立之初,乌兹别克斯坦电影的领军人物是尤苏普·拉济科夫(Yusup Razykov)和祖尔菲卡·穆萨科夫(Zulfifikar Musakov)。尤苏普·拉济科夫为乌兹别克斯坦电影走向世界掀起了新的浪潮,他拍摄制作的《演说家》(*Orator*,1998)、《男人的舞蹈》(*Dance of Men*,2002)、《博伊肯扎耶夫同志》(*Comrade Boykenzhayev*,2002)、《牧羊少女》(*The Shepherd*,2005)等影片在国际电影节上均有斩获。

最受欢迎的"案板电影"之一是 2008 年由巴赫罗姆·亚库博夫(Bahrom Yaqubov)导演的喜剧《超级儿媳》。"案板电影"

首先出现在乌兹别克斯坦,自 2015 年开始作为文化潮流也出现在哈萨克斯坦和其他中亚国家。遗憾的是,这样拍出来的电影大多声音和影像质量都不高。这类电影制作速度很快,通常是喜剧、歌舞片和爱情片。当然,专门生产这类影片的制作公司也应运而生。乌兹别克斯坦还很重视国际电影的引进与交流,从 20 世纪 80 年代开始举办"塔什干国际电影节",自 2011 年开始每年举行一届"金豹国际电影节"。

20 世纪 10 年代,乌兹别克斯坦电影界最耀眼的电影人是亚尔金·图伊切夫(Yalkin Tuychiev)和阿尤布·沙霍比丁诺夫(Ayub Shahobiddinov)。2003 年,他们合作拍摄了一部电影《雪中的郁金香》(*Tulips in the Snow*),并在本土青年电影节"Izhodiy Parvoz"上获得大奖。首先登上国际舞台上的是亚尔金·图伊切夫的电影《青少年》(*Teenager*, 2005)和《源头》(*Source*, 2006)。这两部电影不同于"案板电影"的是以朴实的方式刻画了心理深度,反映了尖锐的社会矛盾。

第12章

土库曼斯坦

土库曼斯坦是中亚西南部的内陆国家,西部和东北部与哈萨克斯坦、乌兹别克斯坦接壤,南邻伊朗,西濒里海。国土面积49.12万平方千米,是仅次于哈萨克斯坦的第二大中亚国家。

土库曼斯坦是一个典型的多民族国家,主要民族有土库曼族(94.7%,和中国的撒拉族为同一民族)、乌兹别克族(2%)、俄罗斯族(1.8%),此外,还有哈萨克、亚美尼亚、鞑靼、阿塞拜疆等120多个民族(1.5%)。

土库曼语是土库曼斯坦的官方语言,属于阿尔泰语东突厥语族乌古斯语支南支。在土库曼斯坦,俄语为通用语言,英语的普及程度不高。

土库曼斯坦境内,约80%的领土被卡拉库姆沙漠覆盖。卡拉库姆沙漠是世界四大沙漠之一,素有"沙质牧场"之称。土库曼斯坦还是中亚五国里最神秘、最不为人知的一个,这座沙漠之国还拥有伟大的宗教传统和令人如痴如醉的自然风光。

12.1　尼萨古城

尼萨是一座古代城市,位于今日土库曼斯坦首都阿什哈巴德西北方 18 千米处,是古代安息王国时期所建立的城市,并被认为是安息最初的首都。传统上认为这座城市是安息王国开创者阿萨息斯一世所建,并且是首都,也是阿萨息斯王朝皇家墓园的所在地。

尼萨包括旧尼萨和新尼萨两处,分别于 1930—1936 年、1946—1960 年被发掘。旧尼萨是安息王宫城堡,占地 0.14 平方千米,四周有高大的土坯城墙。城内南部有宫殿、庙宇,其中方形和圆形大殿各一座,可能是神庙。方形殿内有高大砖柱和彩色塑像。城内北部有皇室卫兵和值班大臣的官舍,以及皇家仓库和王陵。新尼萨在旧尼萨南,建有不规则的城垣。新尼萨占地 25 平方千米,城墙高 9 米,并有 2 个入口。安息王国灭亡后,新尼萨曾于 5 世纪复兴,16 世纪后衰落。尼萨城址出土物多具希腊风格,如大理石雕像、红陶塑像、镀金银像和象牙雕刻等艺术品及日用器物。

尼萨坐落在中亚重要的商业和战略枢纽交叉路口,从已挖掘出来的遗迹可以看到这座城市受希腊文化影响,但巧妙地将安息自身的传统文化和希腊罗马文化结合。从尼萨挖掘出一些重要的建筑物遗迹,如神殿、陵墓、宫殿等,并发现安息的铭文。另外,许多希腊化的艺术品被发掘出来,当地出土大量的来通(Rhyton,角状酒杯),但不只有希腊风格,也有中亚装饰形式。

尼萨遗迹在 2007 年被联合国教科文组织宣布为世界遗产,并称为"尼萨帕提亚要塞"。

12.2　汗血宝马

大量历史事实和文献资料指出,世界上最古老的养马文化中心是中亚绿洲,土库曼斯坦人民的先祖首先在这里驯化了马,不同时期在土库曼斯坦考古挖掘发现的文物就是证据。穆尔加布河古三角洲贡努尔城(马尔古什古国都城)皇陵中发现的文物可谓轰动一时,有青铜环箍马车的残余物、马鞍清晰可辨的石雕马、用于指挥骑士队列的信号杖,最重要的是这是中亚和近东地区最古老的祭祀马驹墓地。这证明公元前 3000 年末至公元前 2000 年初,家养马已经出现在马尔古什国居民的日常生活中。

公元前 5 世纪始,如古代文献所称,土库曼斯坦"圣马""天马""良马""神马"已经声名鹊起。古希腊的艺术创作者们注意到了这些马,并以当时强大的帕提亚帝国国王寝宫的名字"尼塞"为今天阿哈尔捷金马的原种命名。希腊诗人奥比昂写道:"尼塞马的美超过一切。它们配得上威武的国王。它们外表美丽,在骑士胯下温和从容,服从勒衔的束缚。它们高高昂起骄傲的头颅,金色的马鬃在空气里飘动。"希腊历史学家色诺芬记载道:"一幅栩栩如生、充满动感的画吸引着我的目光。马蹄声干脆,忽远忽近,马快乐地嘶鸣,扬起的鼻孔发出鼾声,美丽头颅上的聪慧目光迷住了我的心,妙不可言,只有体验过这种魔力的人才能理解这种感觉。"同时,这种土库曼斯坦良马独特的身体性能和体貌,使其在军事战争中发挥了重要作用,因此得到了帝王、诗人、匠人的充分赞美。

从希腊瓶画艺术中可以看出当年马在战争和社会生活等各个方面扮演重要角色。而作为战争纪念品，希腊罗马时期许多钱币也被印上了帝王及其战马的形象。小亚细亚西南部的卡里亚地区发掘出一枚阿契美尼德王朝（前 550—前 330）时期刻有尼塞马的钱币。塞琉古一世时期（约前 358—前 281）的一枚金币上刻有亚历山大的坐骑，它也被认为是土库曼斯坦的尼塞马。张骞第二次出使西域到达中亚的费尔干纳地区，这个地区以阿哈尔捷金马而闻名，同时期的出土文物多为铜钱币，上面刻有马的雕像。它们拥有同汗血"天马"相同的形象，头部高昂，颈部弯曲，四肢修长。

公元 7 年，奥尼修斯将马克西穆斯竞技场描述为古罗马最漂亮的建筑。在广场上，众多赛马奔腾竞技，其中最卓越的马匹来自西班牙和北非的罗马养马场。一位来自迦太基古国的艺术家就曾在地面描绘了一幅以赛马及骑手为主角的精彩画面。公元 98 年，图拉真成为古罗马帝国安敦尼王朝的第二任皇帝。位于罗马的图拉真纪念柱上刻有萨尔马提亚的装甲战船，战马及骑手身披铠甲，马眼上配有篮子形状的保护装备。

公元 224 年，阿尔达希尔一世推翻了阿尔达班五世，创立了萨珊帝国，帕提亚帝国的尼塞马落入波斯人手中。在帝国最鼎盛时期，萨珊王朝的重骑兵成为其最重要的军事倚仗。波斯骑兵完全被覆盖在链甲下，只有眼睛看得见，马脸、颈部和前躯被系在一起的金属板链接覆盖。只有强壮的马可以承受这样的重量，帕提亚帝国的马表现出了好战马的特质。

公元 8 世纪，阿拉伯作家贾希兹写道："土库曼人骑在马背上的时间要比站在地上的时间长。"公元 8—10 世纪，土库曼斯坦驹上组成了巴格达哈里发的私人卫队。后来，不少土库曼人加入埃及苏丹的禁卫军和其他酋长国的高级骑兵部队。应当强调一点,没有坚韧强大的战马,就不会有塞尔柱人的远征、小亚细亚的统一和那一地区强大王国的建立。公元 13 世纪,意大利人马可·波罗谈到与波斯北部接壤的区域时说,那里培育出了身材高大、价值昂贵的出色马种,还出口到了印度。公元 13 世纪时,历史学家描述了法国国王路易九世时期一位驻东方使馆大使的故事。这位大使曾出席过一位著名骑士的葬礼,与这位骑士一起埋葬的是其最好的马。公元 15 世纪,俄罗斯旅行家阿发那西·尼吉丁在其《三海纪行》中讲述了一匹不同寻常的公马,他在边疆地区为买到这匹马花了大价钱。从这个时候起,土库曼斯坦马借波斯商人和外交官之手进入俄罗斯,然后进入西欧国家。人们开始谈论起这些马,而这些马也成为王室成员和许多位高权重之人梦寐以求并引以为傲之物。

公元 19 世纪末,土库曼斯坦快马得到了"阿哈尔捷金马"的名字,研究人员将其视为享誉世界的尼塞马直系后代。那些在土库曼斯坦土地上培育出的阿哈尔捷金马穿过波斯和土耳其,来到欧洲,为英国纯血马的出现奠定了基础。土库曼人培养了杰出品质的马,为世界奉献了阿哈尔捷金马这样的杰作。正如普里多罗金教授所写:"阿哈尔捷金马这个名字带来一种自豪地抬起头的感觉。"那些看到土库曼斯坦马的人确实会真正地欣赏它的美丽。阿哈尔捷金马在土库曼斯坦获得独立以后,真正被作为民族遗产加以复兴和扩充。获得世界冠军称号的骏马"扬纳尔达格"的形象,被放到了土库曼斯坦国徽的正中央,永远地成为故乡自由和独立的象征。

12.3　土库曼斯坦的音乐艺术

12.3.1　土库曼斯坦的音乐分类

土库曼斯坦和一些其他中亚民族一样,即兴创作和无词曲作者的歌曲逐渐会被人们遗忘,而有词曲作者的音乐会被演奏者们一直牢记,任何一个土库曼斯坦的音乐作品除了与创作它的音乐家有联系外,还与一些诗歌作者有联系,而这些诗歌作品大部分是由一些特定的诗人所作的。土库曼斯坦的所有音乐最初的时候都是声乐,随着时间流逝,它们才逐渐变成了由都塔尔琴和都依都克(竖吹笛)演奏的器乐。同一个乐曲既可以演唱,也可以改编成都塔尔曲或都依都克曲,例如乐曲《涅捷普》。这一情况说明关于土库曼斯坦器乐来源的猜想是有根据的。

与所有富有诗意的民族一样,土库曼人的声乐来源于诗歌朗诵。土库曼斯坦至今还保存着这种朗诵形式,即说一段、弹唱一段。就连土库曼斯坦的现代诗人们,甚至流浪诗人巴依热木,也不能在没有都塔尔琴的情况下朗诵自己的诗。这种半朗诵半弹唱的形式正说明土库曼斯坦声乐存在于真正的朗诵和歌唱之间。后来出现的一批巴合西就是以这样的诗歌表演形式在广大土库曼人民中流行的。他们演唱的诗歌是由一些四行或五行诗句组成的(较短)。土库曼斯坦器乐与声乐的区别在于,第一,诗是声乐的主题,器乐中没有歌词,但是它延承了诗歌的主题思想。第二,曲目的名称并不是作品的组成部分,而是为该作品添加的标题,就像是作曲之前写作的标题一样。这种现象就要求我们从整体的角度研究土库曼斯坦音乐,而不能将它生硬地分为器乐和声乐。

12.3.2　土库曼斯坦音乐的基本特点

土库曼斯坦的音乐不但能反映出土库曼人的心理,也反映了形成人们心理的环境。从土库曼斯坦的音乐中我们可以看到,或者说土库曼斯坦的音乐可以折射出宽广辽阔的草原(用都依都克演奏的音乐)和亲切温暖的家(用都塔尔琴演奏的音乐):两个都依都克奇面对面站在室外,很多听众聚集在一起呼喊是为了能够吸引大家的注意力;都塔尔琴则与土库曼人的住所——毛毡帐篷相协调。

土库曼人的装饰,如地毯和妇女的首饰都朴素而简洁,一直保持着千年以来的传统风格。土库曼斯坦的音乐也是如此,缺乏新的元素,对于没听过它的人来说,这可能是很单调的。土库曼斯坦的音乐旋律缺乏展开性(第一次听土库曼斯坦的音乐时的感触),它的旋律在窄小的音域范围和丰富的装饰音中来回周转。但是对于深刻理解这种音乐的人来说,它时时触动着人内心最柔软的部分,当然,它不仅使土库曼人沉浸于各种各样强烈的感受中,更可以让土库曼人从这种感受中获得真正的愉悦。

音乐作品的形式通常与音乐的节奏紧密相关,富于变化的节奏可以包容更多的音乐形式和元素。在阿拉伯、波斯、乌兹别克、高加索等东方民族的音乐中,节奏起着非常重要的作用,是整个音乐作品的基础。如果我们来看乌斯别斯基收集的乌兹别克的“木卡姆”音乐,将会看到每段“木卡姆”音乐都有自己的节奏形式,每段节奏的把控均由打击乐器铃鼓(乌兹别克手鼓)来完成。阿拉伯音乐里也有类似情形,同样有一系列陪衬性的打击乐器交织与互动。土库曼斯坦的音乐与其他东方音乐的不同之处在于,土库曼斯坦音乐没有打击乐器,其音乐的节奏隐藏在音乐本身之中,流动的旋律就像跳动的脉搏,无须从外部为它补充节奏,因此也不需要专门的打击乐器。正因如此,土库曼斯坦的音乐在节奏方面是非常自由和随意的,即兴性很强,并且拥有能够将各种不同节奏作品配合起来的可能,因此,土库曼斯坦的音乐当中存在奇妙的连续性。

土库曼斯坦的音乐的节奏本身就很复杂(这还不包括其结构的复杂性),这就对其开展研究增添了不小的难度。此外,对其音乐特征进行更深入的研究因资料缺乏而难以继续,但如果承认土库曼斯坦的器乐来源于声乐这一命题,就意味着可以从东方诗学对节律之影响这个角度开辟新的思路。我们有理由相信,诗学对音乐节律之影响这一命题将成为人们研究东方民族音乐的新契机。

12.4　土库曼斯坦服饰、习俗和礼仪

在衣着方面,土库曼斯坦没有颜色和款式的禁忌,服装面料通常为棉布。土库曼斯坦男子的民族服饰是领口精心修饰的长衬衫、肥裤子和长袍。夏天戴绣花小帽,冬天戴羊皮高帽,一般为黑色、白色或褐色。土库曼斯坦女子的民族服饰是领口精心绣制的颜色鲜艳的长裙。土库曼斯坦姑娘喜欢戴各种头饰和头巾。土库曼族新娘的服装为东方式的丝绸长袍并且佩戴用金、银、铜、铁等金属打造的饰品,这些饰品样式独特、做工烦琐。在朝拜圣地时着装禁止过于随意。在大街上经常看到穿着民族服装的土库曼斯坦人,但是他们也不排斥现代着装。凉鞋只适用于城市居民,沙漠地区毒虫较多,所以只适合穿运动鞋或其他高筒鞋。

在饮食方面,土库曼斯坦人保留了游牧民族的饮食习惯,以吃牛、羊肉为主,尤其对羊肉有着特殊的偏爱。他们把羊头、羊蹄和羊脑髓奉为珍品,生活中常把羊头、羊蹄献给老人吃,把羊脑髓给孩子吃。食品大多由单一的材料组成,味道可口,偏爱的口味是咸、辣和甜。土库曼斯坦人的日常食品有奶制品、肉食品和面粉制品。著名的传统饮食是绕肉、抓饭、馕、烤肉饼、包子等。土库曼斯坦人日常食用的主要蔬菜有马铃薯、白菜、西红柿、菜花、胡萝卜、洋葱和各种菌类。里海沿岸地区的居民爱吃鱼。饮料以茶为主,夏天人们往往喝酸骆驼奶用以消暑,酒类主要有葡萄酒和啤酒。土库曼斯坦人爱吃葡萄、香蕉、

苹果和瓜类,还喜欢吃杏干、葡萄干、核桃仁等。胡椒、洋葱、茴香、薄荷是土库曼斯坦最具特色的调味品。由于受俄罗斯饮食习惯的影响,土库曼斯坦西餐厅和旅馆的菜单上俄罗斯菜品比较多。

在居住方面,过去游牧的土库曼斯坦人居住在毡房里,里海沿岸居民住在建在木桩上的木屋里。现代土库曼斯坦人主要居住在砖瓦和混凝土结构的住宅里,一些地区还保留着住毡房的传统。土库曼斯坦人的住宅门总是朝着麦加的方向。住宅内铺着地毯,墙上有挂毯、装衣物及其他物品的口袋和挂包。

每年金秋时期,土库曼斯坦人都要举行赛马、叼羊等庆祝活动。孩子出生后,剃下第一束胎发,并给孩子取名。对于土库曼斯坦家庭来说,子女结婚是最大的盛事。按照传统,男方的父母携带贵重的礼物到女方家拜访,如果双方父母都比较满意,那么婚事就会订下来。婚礼前五天亲戚们会聚在一起商议如何举办婚礼。土库曼斯坦人认为在星期二和星期三举行婚礼不吉利,所以婚礼往往定在周末。婚礼当天要杀牛宰羊来款待客人,新娘佩戴金或银制头饰,披上白底红纹的盖头,一直到婚礼结束才能摘掉。新娘离开时,人们会向新娘的头上抛洒糖果、硬币和小礼品,祝福婚姻甜蜜美满。婚礼多由毛拉主持,有时还举行赛马等活动。时下的年轻人结婚往往用鲜花和彩带装饰的车队载着亲朋好友在城里兜风以示庆祝。

按照土库曼斯坦人的习惯,在客人吃饭时不应该向他提问题,待客人吃饱饭后,由客人先谈话,这是主人对客人的尊重。土库曼斯坦人认为,交谈中打断别人的谈话或者大声吵嚷是不体面的行为。忌讳用手指点着人说话,他们认为这样有污辱人的意思。忌讳用左手递送东西,他们认为左手下贱肮脏,故使用左手为失礼的行为。忌讳在众人面前耳语,他们认为只有行为不轨的人才有这种行为。在土库曼斯坦人家里,在最明显的位置上,往往摆放着被咬掉几口的面饼,这一古老风俗意在缅怀那些出征而未能返家的亲人。

12.5　土库曼斯坦电影发展

12.5.1　优秀的电影传统

　　土库曼斯坦电影历经了数次的中断与复兴,其强大的生命力源自优良的电影传统。1948 年的一场毁灭性的地震,导致了土库曼斯坦电影生产的停滞,后来该国的电影是在一穷二白、百废待兴的情况下起死回生的。土库曼斯坦电影强大的生命力源自深厚的电影传统积淀。在中亚五国当中,土库曼斯坦在苏联时期就是电影成就极为突出的加盟国。早在 1923 年 3 月,土库曼斯坦人民启蒙委员会的摄影部门就组建了土库曼斯坦电影协会,和莫斯科的国家电影委员会一起发行影片。1926 年,在土库曼斯坦首都阿什哈巴德成立了阿什哈巴德电影制片厂。1929 年亚历山大·弗拉德丘克(Alexander Vladychuk)为土库曼斯坦导演了第一部故事片长度的纪录片——歌颂土库曼斯坦社会主义建设成就的《白金》。一年后尤里·雷兹曼(Yuli Raizman)导演了土库曼斯坦第一部故事片《干涸的大地》。1935 年阿什哈巴德电影制片厂还生产出了第一部有声故事片——亚历山大·莱德什切夫(Alexander Ledashchev)导演的《我将回来》。1939 年"二战"爆发之后,苏联电影制片厂被疏散到哈萨克斯坦的阿拉木图、乌兹别克斯坦首都塔什干、土库曼斯坦首都阿什哈巴德、斯大林巴德(现称杜尚别),还有吉尔吉斯斯坦首都伏龙芝和乌兹别克斯坦东部城市撒马尔罕,用以保证电影生产,作为战期后方支持。尤其是阿拉木图和阿什哈巴德,成为苏联在"二战"期间电影的"大本营"。在爱森斯坦、普多夫金等苏联电影天才的带领和教导下,土库曼斯坦电影制片厂于 1939 年正式成立。苏联电影在中亚扎营不仅促进了当地电影放映系统的建设,而且还培养了一大批优秀的电影工作者。比如 20 世纪 50—60 年代涌现出的民族电影奠基者阿尔蒂·卡利夫(Alty Karliev)和优秀导演布拉特·曼苏罗夫(Bulat Mansurov)。阿尔蒂·卡利夫为苏联时期的俄罗斯和乌兹别克拍摄的一系列影片,被誉为是影响苏联 20 世纪 60—70 年代电影承前启后的杰作。而布拉特·曼苏罗夫(Bult Mansurov)于 1964 年导演的处女作《竞争》,则被费里尼和钦吉斯·艾特玛托夫(Chingiz Aitmatov)高度赞赏,被学者称为中亚的《罗马,不设防的城市》。这部电影的摄影风格在当时作为中亚摄影的"标准"而被观摩学习,这段时期也因此被称为土库曼斯坦电影的黄金时代,标志着土库曼斯坦电影历经地震之后的复兴。到了 20 世纪 70—80 年代,则出现了"土库曼斯坦的费里尼"——苏联著名的电影大师,集导演、演员、纪录片和故事片的编剧于一身的库达加利·纳里耶夫(Khodjakuli Narliyev),他是 1976—1998 年电影界的杰出代表。

在电影工作者的不懈努力下,土库曼斯坦出现了两个电影创作的高峰,即 20 世纪 60 年代和 80 年代,其中 80 年代的创作高潮一直延续到独立之后的 20 世纪 90 年代中期,奠定了土库曼斯坦独立之后鲜明而深厚的美学风格。土库曼斯坦电影在不同的时期分别向意大利新现实主义、苏联电影美学流派、法国新浪潮和作者电影等世界电影美学风格学习,结合土库曼斯坦的社会现实和传统文化形成了独树一帜的风格,即便是在苏联统一的意识形态中也形成了别具一格的"土库曼斯坦特色"——"纯粹的内心生活",即用风格化的影像和有限的台词,充分探索和表现人物丰富而复杂的内心感受和激烈的思想斗争。在充分学习苏联诗意和风格化的摄影风格的基础上,苏联时期的土库曼斯坦电影借鉴了意大利新现实主义段落镜头经验,在总是有着枯燥但美丽的沙漠镜头中,通过象征意味的神情和常常静默的剧情,在留白式的意境中悠远玄妙地表现人物的内心世界。虽然没有有意味的对话和诗意盎然的渲染,也没有戏剧化的冲突和蒙太奇的紧张对峙,但是那些挣扎、痛苦而依然深邃美丽的内心生活,却以灵魂深处的气息和声音打动人心。在布拉特·曼苏罗夫和库达加利·纳里耶夫的影片中,土库曼斯坦电影民族美学风格尤为突出,在苏联时期甚至被作为中亚电影摄影艺术的范本。

在布拉特·曼苏罗夫的《竞争》中,电影的主要场景是伊朗的可汗主持的一场两个音乐家之间的露天竞争。土库曼斯坦民族音乐家舒库尔(Shukhur)为了救出自己的弟弟,需要参加一场音乐比赛。他的输赢将由可汗随意决定,赢了将在当地观众中激起一场战争,输了自己的弟弟将被处死。这个拒绝参战,希望用音乐消除战争、为故乡带来和平的音乐家,被大家误解为无情无义的懦夫。音乐家尊重生命,反对拿起战刀,他认为不能为了弟弟而毁灭更多的生命,但是这在当时难以被人理解。在比赛中,他一边回忆战争的创伤,一边面对可汗不公正的评判,其复杂的内心活动是通过火光闪烁的面部特写和跌宕起伏的音乐来表现的。可汗凶残险恶的用心和周围观众的心理变化,也是在近乎特写的静止镜头中得到表现。虽然整部影片没有过多的对话,但是画外音好比灵魂的独白,配合具有表现力的镜头充分表现出了音乐家深明大义,用艺术启蒙和拯救大众的伟大灵魂。

在 20 世纪 80 年代土库曼斯坦电影创作的高峰期,库达加利·纳里耶夫等电影艺术家有力传承了土库曼斯坦电影传统,创作了《唯一的树》等具有影响力的影片。这些影片继续把对不同人物内心生活的探索,作为电影的主要表现内容。在土库曼斯坦沙漠美丽的生活场景中,这些影片通过不同人物的内心世界表现了当代土库曼斯坦的风貌和社会现实的矛盾,并贯串了对最高精神意义的探索。

12.5.2　20 世纪 90 年代民族美学的传承

1990 年,在时局动荡、国运更替之际,被称为苏联人民艺术家的库达加利·纳里耶夫拍摄了一部电影《被洗脑的奴隶》,取材于土库曼斯坦传说中那些被折磨而失去记忆的奴隶。独立之后不久,土库曼斯坦电影开始讲述自己古老的神话故事《阿克·帕克》,也开始在《小天使,让我开心》《身上长着杉树的男人》《燃烧的灵魂》等影片中反思苏联解体时期的伤痕。这几部影片在国际上产生了很大的影响,可以被称作表现特殊民族"创伤性记忆"的影片。

土库曼斯坦等中亚国家的电影虽然受益于苏联电影,但是在意识形态上也因此备受压抑。史料表明,在作为苏联电影制片厂学徒的时候,很多中亚电影工作者很少有机会参与主要工作。"二战"前后,随着中亚五国各自电影制片厂的成立,在践行勃列日涅夫所主张的本土政府对当地言论的监管政策的同时,民族电影的政策倾向在这五国之间表现出各自的差异。虽然俄罗斯和中亚各国导演之间由于国家形象和当局理念的矛盾而显得似是而非,早在独立之前就陷入矛盾,但是又在电影发展中奉命体现官方的利益。这一长期被压抑的苦闷在 20 世纪 90 年代初得到了彻底的释放,这段时期的影片开始有力反思并批判加盟时期土库曼斯坦民族的历史。但从电影语言来说,新时期的土库曼斯坦电影则依然延续着对"内心生活"的关注,以及往往带有土库曼斯坦沙漠、有意味的面部特写和有限的对话等美学风格。

这一时期土库曼斯坦享誉世界的代表影片是库达加利·纳里耶夫在 1993 年导演的《小天使,让我开心》。

土库曼斯坦电影的风格都是一种"伊斯墨涅式的沉默"。没有激烈的戏剧冲突,没有苦难创伤的大肆渲染,没有大段对话的人物刻画,只有通过人物内心生活的多重展现来表现丰富而复杂的精神世界。相比祥林嫂式的言说,这种"此时无声胜有声"的电影叙事风格更容易引起普遍的共鸣和反思。虽然影片中人物在痛苦中默然隐忍,显得坚毅高贵,但是风格化的影像已经将其内心的千言万语充分表达,并对制造苦难的"罪魁祸首"进行了无言的声讨和指责,这无疑是更加有利于真相之外的政治和解的。令人惋惜的是,这一优秀的电影传统没有继续得以发展,就迅速陷入了强权压制的黑夜。

12.5.3 21 世纪的失忆和商业重生

和中亚他国相比,土库曼斯坦文化产业曾经面临更为专制和严苛的审查与管制。但近年来,土库曼斯坦都市情感类题材的商业影片对类型叙事手法的应用十分娴熟,很难看出这是一个曾经被遏制 10 余年之久的国家最新出品的电影。

2007 年,土库曼斯坦电影迎来了自己的春天,政府不再限制电影生产和文化交流。除了重建影院和解除放映禁令,2008年土库曼斯坦在首都阿什哈巴德举办了土库曼斯坦国际电影节。很多流亡海外的电影艺术家也逐渐回国,开始重建土库曼斯坦的电影工业。土库曼斯坦近几年推出的影片和专制统治时土库曼斯坦电影的风格迥异,从民族创伤性记忆转向了歌舞升平的都市生活轻喜剧。这些电影显然深受好莱坞类型电影、印度歌舞电影、中国功夫片、韩国情感影视剧、日本青春题材电影等影视类型的影响,土库曼斯坦电影以关注当代青年都市情感生活为主题,此类题材电影层出不穷。在这些电影中,没有常见的土库曼斯坦沙漠、骆驼、牧人和羊群,而是表现当代土库曼斯坦中产阶级家庭生活冲突、情感选择和青春成长等时尚话题。这些影片从题材的把握到技术都十分成熟,似乎从未在世界电影中"缺席"。

在商业电影当中,可以发现土库曼斯坦古老的牧民、骆驼,还有赛马、乐器、美食不仅仅存在于影片的雕塑、娱乐和摆设当中,并且当代土库曼斯坦青年的生活似乎也在努力和国际接轨。与此同时,这些影片几乎都心照不宣地回避了土库曼斯坦20世纪90年代专制统治之下的社会现实,还有独立前后的精神创伤。在土库曼斯坦电影刚刚苏醒之际,人们不禁期望银幕上个人记忆的苏醒,也期望优良传统的重生,更期望类型电影的不断成熟和整个电影工业的复苏和繁荣。

从2018年国际展会统计来看,音乐、雕塑和设计等文化艺术交流在土库曼斯坦开始重新进入人们视野。2017年后,土库曼斯坦国民经济的稳定上升为土库曼斯坦电影等各项文化艺术的复兴创造了有利条件。土库曼斯坦在紧跟哈萨克斯坦和乌兹别克斯坦发展模式首推商业电影,致力于大众文化兴盛的同时,也不无遗憾地与早期优秀的传统发生了深深的断裂。对于历经辉煌的土库曼斯坦电影史和独立后的动乱及专制统治的伤痕,该国电影似乎发生了暂时的情感休克,不约而同地表现了集体性失忆。也许是对过去的追忆思考需要充分的时间,也许是刚刚放开的电影工业还没有完全放开资源,总之杰出的电影和任何伟大的艺术作品一样都需要时间的沉淀。为此,我们拭目以待土库曼斯坦强势回归的商业电影能推动电影工业的建构,也希望土库曼斯坦新一代民族电影能够再次创造历史。

12.6　土库曼斯坦的文化场所

土库曼斯坦的文化历史悠久,国内文化设施保留较为完整。土库曼斯坦的国家博物馆是展示土库曼斯坦悠久历史的最好窗口。地毯博物馆、地狱之门、阿哈尔捷金马种马场是土库曼斯坦最值得一去的旅游场所。

12.6.1　土库曼斯坦国家博物馆

土库曼斯坦国家博物馆由土耳其出资兴建,1998 年 11 月 12 日开馆。土库曼斯坦国家博物馆位于阿什哈巴德市南侧,气势恢宏,占地 22500 平方米,16000 平方米用于展览。主楼设会议厅、展厅、办公室、仓库、技术修复部和咖啡厅等。4 个半圆形露天剧场在主楼外侧。博物馆展厅设独立厅、自然厅、原始史厅、古代厅、中世纪厅、民俗厅等,展品约 2 万件。

12.6.2　鲁赫耶特宫

鲁赫耶特宫位于总统府对面,是阿什哈巴德市的象征之一。宫殿的大理石主体和天蓝色的圆顶与市中心建筑群浑然一体。会议大厅可容纳 2800 人,根据需要还可用作歌剧厅、话剧厅和电影厅。一层设有各国首脑大厅。由法国布伊格公司承建,1999 年 12 月竣工。

12.6.3　地毯博物馆

地毯博物馆位于阿什哈巴德市中心,1993 年 3 月 20 日经总统批准建立。地毯博物馆面积 1178 平方米,陈列不同时期各种地毯、挂毯共 1000 余件。馆内展出 2 块巨型地毯，一块为土库曼斯坦最大的地毯，294 平方米，重 1 吨；另一块为 189 平方米。此外，还展出百万线头地毯和双面地毯等。土库曼斯坦地毯蕴含着土库曼斯坦民族的审美情趣。土库曼斯坦民族的各个支系都有自己独特的地毯纹饰。现今的土库曼斯坦国旗和国徽上都绘有地毯纹饰。

12.6.4　阿哈尔捷金马种马场

关于阿哈尔捷金马的记载最早见于公元前 4—前 3 世纪。此马产于土库曼斯坦科佩特山脉和卡拉库姆沙漠间的阿哈尔绿洲，是经过 3000 多年培育而成的世界上最古老的马种之一。此种马体态匀称，威武彪悍，力量大、速度快，耐力强，性情暴烈，但被驯服后却非常温顺，神态威严，步伐轻盈。阿哈尔捷金马种马场位于阿什哈巴德西南郊，始建于 1922 年，前身为里海养马厩，1992 年改名为尼亚佐夫总统种马场。现土库曼斯坦共有 5 个国营大型马场，阿哈尔捷金马总数约 2000 匹。这些马场致力于向国际市场介绍阿哈尔捷金马，同美国、法国、俄罗斯、瑞典和澳大利亚等国有合作。

12.6.5　地狱之门

地狱之门位于土库曼斯坦南部小镇达尔瓦扎附近。1971 年，苏联一个地质勘探小组在这里发现了丰富的天然气，由于钻探设备崩塌，形成了一个直径为 70 多米的大坑。勘探人员担心毒气有害，点起了一把火，这把火一直燃烧至今。地狱之门有土坑、水坑、火坑三个坑。

第13章

塔吉克斯坦

塔吉克斯坦，全称塔吉克斯坦共和国，位于中亚东南部，东与中国新疆接壤，南邻阿富汗，西部和北部分别与乌兹别克斯坦、吉尔吉斯斯坦相连。国土面积 14.31 万平方千米，首都杜尚别。塔吉克斯坦是多民族国家，塔吉克族约占 80％，此外还有乌兹别克族，俄罗斯族、鞑靼、吉尔吉斯、乌克兰、土库曼、哈萨克、白俄罗斯、亚美尼亚等民族。塔吉克语（属印欧语系伊朗语族）为国语，俄语为通用语。

塔吉克斯坦地处山区，境内山地和高原占 93％，几乎一半以上的国土在海拔 3000 米以上，有"高山国"之称。塔吉克斯坦属于典型的大陆性气候，降水稀少。其自然资源比较丰富，以有色金属和稀有金属为主，铀矿在世界上占有重要位置。

13.1　首都杜尚别

　　杜尚别是塔吉克斯坦的首都和政治、经济、文化中心,对外贸易和旅游胜地,也是最大的工业中心。位于瓦尔佐布和卡法尔尼洪两河流域的吉萨尔谷地。面积为 126 平方千米。市内有林荫大道,住宅区到处都是绿树环抱,林木苍翠,主要街道中心及两旁有红、黄、白色的玫瑰花绵延几千米。街道呈长方形网格状布局,大部分建筑为平房,以防地震。

　　杜尚别历史悠久,其名称在波斯语中意为"星期一",也指杜尚别著名的星期一市场。当时,人们每到周一的早晨就聚集到这里买卖货物,便得此名。杜尚别市内文化机构广布。主要博物馆有国家博物馆、历史方志博物馆、拉希米故居博物馆、造型艺术博物馆和文学博物馆等。主要剧院有马雅科夫斯基俄罗斯戏剧院、塔吉克艾尼歌剧舞剧院、塔吉克拉胡季话剧院和瓦希多夫塔吉克青年剧院等。还有音乐厅和马戏院。

　　杜尚别的吉萨尔古堡始建于公元 9—10 世纪的萨马尼德王朝,曾是古丝绸之路上的重要关隘。公元 13 世纪被蒙元帝国征服,今天在古堡的博物馆内仍然能见到具有中华文明特征的文物。日月如梭,斗转星移,昔日的繁华早已渐入尘埃,历史也步入了新的时代。如今的塔吉克斯坦在结束了多年的内战之后达成了民族和解,开始走上经济建设之路,而杜尚别也迎来了历史上最美丽的春天。

　　杜尚别是重要的交通枢纽,有窄轨铁路通铁尔梅兹等地,并有公路干线北通苦盏,东至霍罗格。主要航空港,有飞往国内外各地的航班,与中国乌鲁木齐之间也有国际航班往来。

13.2　塔吉克斯坦礼制

塔吉克斯坦人民认为自己是历史悠久的波斯文化的传承人和继承者。通常人们认为塔吉克人受到中世纪国家的影响，并形成了塔吉克民族的文化。塔吉克民族文化主要形成于萨马尼德王朝时期。塔吉克民族的科学、艺术和文化都得到繁荣发展。埃米尔乐于将最优秀的科学家、哲学家、诗人、画家和天文学家等邀请至王宫进行款待。

13.2.1　民族性格

经过几个世纪的传统积淀，不管社会环境和生活条件如何，活得有尊严对塔吉克人是最重要的。为了清晨以纯净的心灵从梦中苏醒，塔吉克人睡前都要反省过去的一天，评价这一天的所作所为是否正确得当。

塔吉克民族坚韧、容易满足、勇敢质朴、果敢决断。他们自幼爱惜名誉，为达到自己的目标可以不畏艰难勇往直前。塔吉克民族热衷于贸易活动和储蓄，喜欢忙碌的生活。因此，塔吉克人喜欢住在靠近工业和贸易中心的地方。他们不甚喜欢耕种生活，相对而言更喜欢果园种植、畜牧养殖、小手工业等。

塔吉克人更愿意根据自己生活的地方称呼自己为伊斯法拉人、帕米尔人、杜尚别人等。

接待客人时，主人必须起立以表示欢迎。握手时将左手置于心脏的位置表示尊重。根据塔吉克传统习俗，不允许单身男女单独共处一室。

服饰对于塔吉克人来说具有重要的意义,塔吉克人根据服饰迎送客人。日常生活中,塔吉克人穿着朴素,当有重要见面或盛大的节日活动时,他们便会穿上华服。

13.2.2　商务文化

塔吉克人在职业活动中通常表现得独立而意志坚定。当从繁杂的工作中解脱出来时,他们喜欢完全放松,有时这种习惯和"懒"的界限很模糊。当他们被新的事物吸引时,他们又会坚定无畏地向目标前进,并且清楚自己将从不断地劳动之中获得怎样的利益。塔吉克人很乐于投身新的目标之中,相应地,也很容易半途而废转而追寻又一个新的目标。在职业生活中,他们喜欢定期更换自己所负责的部分。塔吉克民族对任何职业的大师都很尊重,他们会向对方说"您干任何事都是能手"来表示夸赞。总体而言,塔吉克人对所有的夸奖、善意和关心都会予以回应。对塔吉克文化的喜爱或仅仅对他们个人表示喜爱也会获得其好感。

在商业活动中,塔吉克人更注重资金流动速度而非利润率。传统上,塔吉克人倾向于根据经验解决问题,他们有丰富的智慧、理性的思维,易于得出抽象结论,并且安静内敛,通情达理。

人际交往中,他们最注重的品德为热情好客、互相尊重、尊敬长者。他们喜欢讲恭维话,但有时候也会言过其实。需要指出的是,塔吉克人还有顺从的特点,面对压力时,如果不损害自己的利益,他们倾向于退让和服从。一些区域学家认为这与几个世纪的暴政有关,人们遇到一些压力也会安之若素。

和许多东方国家一样,塔吉克斯坦人也很注重门第观念,如果有人出身于望族,他将会得到更多机遇。为了顺利地与塔吉克人共事,需要准确的目标,有步骤地安排合作,明确合作伙伴的利益,通过赞许和关心对对方表示心理支持。

13.2.3　邀请客人

塔吉克人热情好客。他们认为用美食款待客人是自己的荣幸。通常,家里都有专门接待客人的房间,并且为尊贵的客人留有特殊的位置。

塔吉克人通常席地而坐,在地上铺有干净的地毯和坐垫。客人要牢记不可以将腿伸向前侧,也不可以躺卧。在地上直接铺好桌布,将食物放在桌布上。通常在进餐前他们会进行祈祷。有客人时,则客人先进餐;如果无客人到访,则由长者开始用餐。

茶在用餐时起着重要的作用,塔吉克人会用中亚地区特有的茶碗喝茶。通常由在场年幼的男子开始,为在座的每一个人倒茶,其他人应以左手接过茶碗。古老的传统以此来证明茶水无毒,可放心饮用。

传统的塔吉克家庭中女性单独用餐。此外,当塔吉克女性无丈夫或其他男性亲属陪伴时,不可以与其他男子交谈。

13.2.4　家庭传统

家庭对塔吉克人来说是生活的根基,塔吉克人为家庭辛勤工作。此外,亲人、邻居以及朋友的建议都会影响他们的决定,塔吉克人很重视与亲友的联络。

现在塔吉克斯坦的年轻人趋向于按照西方思想生活,也有很多家庭保持传统生活习惯。塔吉克家庭通常有 5—6 位家庭成员,通常几代同堂,严格遵循长幼有序,孩子从小被教育应该尊重长辈和父母。

13.3　塔吉克斯坦电影发展轨迹和艺术取向

塔吉克斯坦电影大致经历了两个历史时期:一是 20 世纪 30—80 年代,塔吉克斯坦影片在苏联国家范围内表现整体性现实主义风格的同时,更强调地方文化、历史与民间文学的多重滋养;二是 20 世纪 90 年代后,伴随着国家意识的逐步深化,塔吉克斯坦电影在继承前期风格基础上产生了一系列具有浓厚作者观念的影片,有效加强了国际间合作特别是与中国的合作。综合来看,新环境下本土电影人的成熟,使塔吉克斯坦民族电影、作者电影的独立性逐渐增强,从而受到国际影坛的关注。

13.3.1　苏联加盟共和国时期的塔吉克斯坦电影

塔吉克斯坦在 20 世纪 30—80 年代这段时期内,国内环境较为平稳,影片拍摄特征较为统一。早期较为出名的电影制片厂即塔吉克电影公司,位于首都杜尚别。值得一提的是,该公司于 1932 年制作了塔吉克斯坦历史上的第一部影片,具有开创意义。1941 年,该公司和苏联著名的动画工作室苏联儿童电影制片厂(Soyuzdetfilm)合并,但 1943 年后又以独立名义开始制作影片。该公司前期产量较低,1966 年仅制作了一部影片;1972 年是该公司的高产年,共制作了 3 部影片。其后电影制作时断时续,但一直没有停止,比如《家庭的秘密》(1985)及《会说话的泉水》(1986)等。

塔吉克斯坦电影整体集中爆发大约在 20 世纪六七十年代,代表性的作品有《倒霉的哈桑》(1965)、《罗斯塔姆与苏赫拉布传奇》(1968)、《夏沃什的故事》(1976)。同时期较为著名的还有维拉地米尔·莫拖导演的《帕米尔儿童》(1963)、木克代斯·马克穆得和塔克海尔·萨比罗夫导演的《爱的传奇》(1963)等。1979 年艾力·卡哈马耶夫创作的《保镖》为这次的塔吉克电影井喷画上了一个暂时的休止符。

本森·金亚加罗夫是这一时期的代表性导演。他出生于乌兹别克斯坦撒马尔罕,随后搬到塔吉克斯坦首都杜尚别生活,师从著名导演谢尔盖·爱森斯坦。名师的教育使得他对电影本质及电影技术有了更深层次的认识,当然同时也受到了很深的苏联电影熏陶。1946 年毕业后,他拍摄的第一部电影就是反映塔吉克人生活的纪录片。金亚加罗夫自幼喜爱文学,他的很多作品都热衷于借助地方性故事展示史诗般的宏大讲述,并以此为基础拍摄了他的"传奇三部曲"。塔夏尔·穆卡罗维茨·萨比罗夫也是这一时期的著名导演,被称为"塔吉克斯坦电影之父",亦有西方学者对其黑色喜剧风格抱有极大的兴趣,赞赏其夸张与讽刺的结合手法。萨比罗夫最初在塔什干戏剧学院学习,后期转入莫斯科戏剧学院。他于 1959 年拍摄了《是和太阳结婚的时候》,随后又拍摄了《高利贷商人之死》《革命》等影片,其间夹杂拍摄了多部 30 分钟左右的电影短片。

13.3.2　独立后的塔吉克斯坦电影

1990 年 8 月 24 日,塔吉克斯坦对外发表《国家主权宣言》,于 1991 年 9 月 9 日宣布独立,正式成为完整独立的主权国家。塔吉克斯坦电影历史上存在已久的苏联标签被摘掉。1991 年,本土电影迅速回温并表现出良好的势头,出现了至少 3 部作品:导演罗斯塔姆·沙孜木吾完成了具有现实主义和象征意义的《变革》,巴克迪亚·库唐纳扎洛夫完成了《表弟》(又名《布拉坦》),萨比罗夫完成了《泪水与宝剑》。一年三部影片在塔吉克斯坦电影史上并不多见。但随后塔吉克斯坦国内爆发了较为严重的内战,1991 年,刚有一些起色的电影事业被中断,战争频繁的 5 年内很少能见到署名塔吉克斯坦的电影作品,可查到的仅有在 1993 年威尼斯电影节上,巴克迪亚·库唐纳扎洛夫展映了他的新作《帐篷,帐篷》。该影片以战争时期两位青年男女的爱情故事为主线,用镜头还原了战争带给塔吉克斯坦人民的伤害。

1998 年前后,塔吉克斯坦电影逐渐再次复苏。杰姆谢德·乌斯莫诺夫和韩国导演丙勋合作完成的处女作《蜜蜂飞了》(1998)摘得多个国际电影节奖项;巴克迪亚·库唐纳扎洛夫拍摄了《月亮爸爸》(1999);杰姆谢德·乌斯莫诺夫拍摄完成了《井》(2000)。2000 年后,塔吉克斯坦电影不仅数量相对增长较快,影片类型也进一步丰富。2001—2010 年,塔吉克斯坦的电影长片大约有 7 部。具有代表性的有杰姆谢德·乌斯莫诺夫的《右手天使》(2002)、《要上天堂您得先死》(2005);尤德·默孜什瑞诺夫的《爱的塑像》(2004);欧珠·沙里波夫的《距离纽约十一万千米》(2006)。2010 年后,本土导演的作品进一步涌现,具有代表性的有罗斯塔姆·沙孜木吾的《自杀者》(2011)、艾斯卡达·乌斯莫诺夫的《电报》(2012)等。

杰姆谢德·乌斯莫诺夫是这一时期电影导演中的佼佼者,先后就读于杜尚别美术学校和俄国国立电影大学,因《蜜蜂飞了》一举成名而受到国际影评界的关注,该片也为他带来了希腊萨洛尼卡电影节、意大利都灵国际电影节的诸多奖项。随后,他独立执导的影片《右手天使》和《要上天堂您得先死》都先后获得了国际性奖项,特别是后者受到戛纳国际电影节的青睐。巴克迪亚·库唐纳扎洛夫也在同时代的导演中备受关注,其于 1986 年开始自己的导演生涯,1989 年从电影艺术研究所毕业。1993 年的《帐篷,帐篷》获得威尼斯国际电影节金狮奖提名;1999 年的《月亮爸爸》也进入东京国际电影节的主竞赛单元,获得了最佳影片奖提名。

塔吉克斯坦历史上曾与俄罗斯数次联合制片,杰姆谢德·乌斯莫诺夫也曾与韩国导演合作。区域内及区域间的合作制片,直接带给塔吉克斯坦电影较为充足的资金,多国背景也使电影产品可以更顺畅地进入国际市场,产生了较强的国际影响力。塔吉克斯坦独立后经历战争,经济基础相对薄弱,联合制片是不错的选择。近年来,中国电影对塔吉克斯坦的影响日趋强烈,比如 2006 年塔吉克斯坦曾计划与中国新疆维吾尔自治区联合拍摄影片,希望借助中国团队完成拍摄。塔吉克斯坦的"中国电影周"活动也取得了很好的成效。2007 年,为了纪念两国正常建交 15 年,《我的父亲母亲》《可可西里》《天地英雄》等 5 部优秀中国电影就登上了塔吉克斯坦的银幕。2015 年,在"丝绸之路经济带"建设的背景下,本着相互了解、民心相通的初衷,又有 5 部中国影片在塔吉克斯坦上映,比如《大兵小将》《人再囧途之泰囧》《一代宗师》等。随着"一带一路"建设的持续发力,文化力量逐渐显现出不可替代的重要作用,文化共通、文化共生、文化共荣已是塔吉克斯坦电影与中国电影的基本共识。

13.4　塔吉克斯坦艺术

13.4.1　音　乐

吉加克(音译)是中亚的民族弦乐器。乐器琴箱为圆形,通常由南瓜、大型坚果、木头及其他材料制成,琴箱蒙以兽皮。吉加克通常有 3 根琴弦,使用葱形琴弓垂直演奏,现代吉加克有 4 根琴弦。

卡尔奈喇叭是塔吉克斯坦的铜制管乐器。卡尔奈管身较长且直,有时可达 2 米,音区与音色与长号相似。卡尔奈乐声洪亮,一般用于军队或盛典演奏。现在,卡尔奈常常在民族节日或婚礼上演奏。

13.4.2　建　筑

游牧民族的艺术文化是塔吉克斯坦文化不可分割的一部分。在希腊作家的作品(公元前 4—公元前 3 世纪)中提及塔吉克斯坦城市具有希腊风格。在塔吉克斯坦南部城市发现的建筑遗址可以追溯到希腊-巴克特里亚(公元前 3—公元前 2 世纪)以及贵霜时期(1—4 世纪),这些建筑在很大程度上都保留了希腊建筑文化的特点。考古发现的带有涡卷饰及叶形图案的四棱柱、基石以及柱身都证明了希腊建筑体系对当地建筑风格的影响。这一时期塔吉克斯坦的整体艺术风格都是当地传统与希腊元素的复杂融合。例如,在萨克桑-奥胡尔发掘的寺庙宫殿建筑,按照中亚的设计规划进行建造(四柱的带顶盖的柱廊以及回廊),同时具备希腊柱的装饰细节;建筑装饰用雕塑(柱头以人和动物的高浮雕进行装饰)金属浮雕(银质斯芬克斯正面浮雕以及从杜尚别古城来的狄奥尼索斯金胸像)等。

5—8 世纪,在今日塔吉克斯坦的土地上兴建了一批城市,带有坚固墙和塔楼的沙赫里斯坦(中亚、伊朗、阿富汗封建城市的中心部分)是这些城市的基础,逐渐建好的房屋汇集成大的居民聚集区。富贵人家的房屋分成起居室和华厅,厅内有四根列柱,并饰以壁画与木雕。城市外围筑有卫城。在农村建有独立的庄园、警卫和巡逻设施。在宗庙建筑上,不同信仰的建筑共存。塔吉克斯坦的中世纪早期的造型艺术在融合了当地艺术风格和希腊元素的基础上还融入了北印度和阿富汗的艺术特点。

随着伊斯兰教在塔吉克斯坦的普及,形成了新的建筑风格——伊斯兰教清真宣礼塔、伊斯兰教学校、陵墓以及哈纳喀(中近东国家接待朝觐者的建筑)。大的手工贸易城市取代了小城市,按照惯例,这些城市以历史悠久的沙赫里斯坦为发展中心,以卫城为依靠的城外商业区开始兴起。卫城、宫殿以及纪念性建筑长久保留了当地中世纪早期的风貌,最鲜明的例子就是布哈拉的伊斯梅尔·萨玛尼陵墓。

9—10 世纪,开始使用熟砖铺地面。在建筑装饰方面,广泛使用拱形圆顶结构以及有花纹装饰的地砖。穆罕默德·巴沙尔陵墓装饰华丽的大门是 14 世纪纪念性艺术最好的证明。

14 世纪末—15 世纪是塔吉克斯坦和其他中亚国家纪念性建筑发展的繁荣时期,其中就有闻名世界的撒马尔罕、沙赫里萨布兹以及其他一些城市的帖木儿纪念碑。库利亚布的米尔·赛义得·哈马达尼墓(14—17 世纪)是塔吉克斯坦中世最为独特的建筑之一,该建筑有三重门、圆顶大厅以及雕刻装饰(后在其周围建了其他圆顶建筑)。

16—17 世纪,修建了几个不同的方形陵墓,如吉萨尔的穆罕默德·阿扎姆陵墓、乌拉-秋别萨利·马扎建筑群的阿仁汗陵墓等。

18 世纪—19 世纪初,城市在整体上保留了 12 世纪以来形成的风貌;祭祀建筑按照传统规划进行建设,但在规模和装饰方面较为内敛。塔吉克斯坦建筑的民族特点在公共建筑(街区以及乡村教堂、澡堂)和居民住房中得以体现和发展。塔吉克斯坦北部的房屋(两间屋,房屋前侧有带顶盖的柱廊)的特点是繁复的家居装饰(甘奇水泥以及木制装饰画、垂花拱形的壁槽)。而塔吉克斯坦南部的居民则用黏土筑墙,涂以灰泥,平顶凉台的顶和斜屋顶都用草搭成。山地民居的屋顶为多层阶梯式木制圆顶,房屋带有烟道气窗。

苏联时期,在很短的一段时间内就完成了从土坯平房向舒适现代化城市房屋的转变。20 世纪 30—40 年代初期遵循着周边式住宅建筑的原则,经典传统样式是这一时期公共建筑的主导,通常还会加入中世纪中亚的建筑元素。大众住宅和文化生活建筑通常是 12 层的联排建筑。20 世纪 30 年代,用生砖、黏土、石头和木头建成的老式房屋逐渐被用熟砖、水泥建成的新式房屋所取代。1945—1955 年,因"二战"而速度放缓的房屋建设迅速重新发展起来;城市建设的用地主要用来修建 2—3 层的居民住房。20 世纪 60 年代后,塔吉克斯坦的建筑师开始建造拥有现代化服务系统的多层建筑(4—9 层)居民区。由于工业广泛发展的需要,兴建了一批新城,如努列克、雷加、亚湾。20 世纪 60 年代—70 年代初期,塔吉克斯坦的现代化建筑与传统装饰相结合,包括彩绘、木雕、水泥雕刻等。

13.4.3　刺　绣

刺绣在塔吉克斯坦是一种古老的艺术,在全国都有所普及,同时每个地方都各具特色。许多刺绣图案的主题都保留古色。刺绣艺术早在 19 世纪便取得了极高的成就。

属于高级工艺的绣金工艺只有一小部分刺绣大师可以掌握,这种绣金工艺通常在袍子和帽子上可以见到,而只有地位显贵才有权佩戴绣金帽。

装饰性彩幔(塔吉克族和乌兹别克族挂在墙上的装饰品)普遍流行。彩幔通常需要订制,富贵人家享有精品。装饰性壁挂彩幔尺寸较大,彩色背景上用相同色阶的植物花纹进行装饰。除了鸢尾花、石榴树,还可以见到太阳或月亮花环、宝剑、马刀等图案。最新的彩幔主题还有花卉装饰的宝箱。

类似的刺绣还在毛巾、镜子套、男子腰间围巾、包头巾以及其他衣服和生活用品上使用。帽子上刺绣的主题、色彩以及花纹更加多变,既有传统古老的花纹,又有现代的生活用品、植物等装饰图案。

参考文献

1. 专著类

[1] 戴桂菊,何芳. 俄罗斯文化[M].北京:外语教学与研究出版社,2017.

[2] 任光萱. 俄罗斯文化十五讲[M]. 北京:北京大学出版社,2016.

[3] 厉以宁.读懂"一带一路"[M].北京:中信出版社,2015.

[4] 姚海. 俄罗斯文化[M]. 上海:上海社会科学院出版社,2013.

[5] 任啸科. 世界地理全知道[M]. 北京:北京联合出版公司,2016.

[6] 王洪才. 美国研究生教育风格与借鉴:一位高等教育学者留美访学札记[M].厦门:厦门大学出版社,2017.

[7] 王锟.玛娜娜·萨那泽 格鲁吉亚大学校长[M].北京:中国传媒大学出版社,2014.

[8] 张豫鄂,周丽江. 俄罗斯国情文化教程[M].武汉:华中师范大学出版社,2011.

[9] 冯海霞,孙淑芳,姜占民. 俄罗斯国情文化[M].哈尔滨:黑龙江大学出版社,2017.

[10] 刘吉. 俄罗斯常识[M].南京:江苏人民出版社,2016.

[11] 王仰正. 俄罗斯社会与文化问答[M].上海:上海外语教育

出版社,2014.

[12] 刘肖岩.俄罗斯社会与文化[M].上海:上海外语教育出版社,2019.

[13] 杨蕊."一带一路"国别概览——拉脱维亚[M].辽宁:大连海事大学出版社,2018.

[14] 孙壮志.乌兹别克斯坦[M].北京:社会科学文献出版社,2016.

[15] 李向阳."一带一路"国别概览——土库曼斯坦[M].辽宁:大连海事大学出版社,2018.

2. 报刊类

[1] 陈新仁.美国语言政策的历史沿革与启示[J].外语研究,2017(1):22-26.

[2] 陈美华,陈祥雨.中美语言政策的差异及启示:官方语言视角[J].外语教学,2017(3):7-11.

[3] 张学强,张军历.论"一带一路"战略背景下的语言政策动力[J].西南民族大学学报(人文社科版),2017(8):179-184.

[4] 陈凤.波罗的海三国的俄罗斯族政策演变分析[J].当代世界与社会主义,2018(3):120-127.

[5] 赵洪宝.拉脱维亚语言政策与教育政策改革变迁[J].教育现代化,2018(20):118-120.

[6] 王四海,秦屹.中亚国家在建设丝绸之路经济带中的重要作用:以土库曼斯坦为例[J]."一带一路"研究,2016(5):107-118.

[7] 闫静.丝绸之路经济带文化遗产旅游合作研究:以中国和中亚五国为例[J].西安财经学院学报,2016(29):23-27.

[8] 杨军.阿塞拜疆:借助多元文化和谐发展保障国家稳定繁荣

[N].中国青年报,2015-06-13(3).

[9] 黄庆,杨军.发展多元文化成阿塞拜疆国家政策[N].中国青年报,2016-12-03(4).

[10] 赵静.语言政策及其对格鲁吉亚族际关系的影响[J].俄罗斯研究,2018(5):173-196.

[11] 程珊.中西方文化视域下的民族性格比较[J].重庆电子工程职业学院学报,2016(6):100-102.

[12] 赵晓佳.乌兹别克斯坦漆画艺术[J].民族艺林,2016(4):70-75.

[13] 汪高潮.丝绸之路上的土库曼斯坦音乐艺术[J].新疆艺术,2016(3):45-53.

[14] 周艳.传承与重生:土库曼斯坦电影发展现状分析[J].北京电影学院学报,2019(8):114-121.

[15] 宋志芹.乌兹别克斯坦旅游业发展评析[J].西伯利亚研究,2019(9):72-76.

[16] 唐文胜.阿塞拜疆巴库古城保护与城市转型[J].世界建筑,2019(11):100-103,139.

[17] 刘滨.俄罗斯饮食文化初探[J].齐齐哈尔工程学院学报,2012(4):66-67.

[18] 奚凌云.莫斯科地铁自动扶梯的历史与技术变迁[J].中国电梯,2021(6):48-51.

[19] 田建民.莫斯科地铁:流动的俄罗斯文化博物馆[J].重庆与世界,2017(28):66-69.

[20] 宁琰.草原上的游牧民:探访吉尔吉斯斯坦文化遗产[J].大众考古,2020(7):19-28.

[21] 付谦.走进俄罗斯文化圣地满洲里[J].中关村,2018(5):123-125.

[22] 穆祥纯.反映俄罗斯建筑艺术的城市桥梁[J].桥梁结构,2020(4):44-48.

[23] 夏菲.论俄罗斯式建筑艺术风格特点[J].中国建筑装修装饰,2020(1):99.

[24] 张艳璐.白俄罗斯旅游业发展现状与中白旅游合作前景[J].俄罗斯学刊,2020(1):22-36.

[25] 汪菁.哈萨克斯坦哈萨克族的传统婚礼与现代婚礼研究[J].伊犁师范学院学报(社会科学版),2015(4):16-20.

[26] 成明.乌克兰之旅:感受历史悠久文化发达魅力[J].中国对外贸易,2009(11):90-92.

[27] 毕昕.白俄罗斯院落式民居建筑功能空间组织研究及启示[J].中国名城,2019(7):92-96.

3.学位论文类

[1] 周朝虹.当代俄罗斯语言政策研究[D].北京:北京外国语大学,2016.

[2] 张丽娜.苏联及俄罗斯语言策略的演变与俄语状况研究[D].哈尔滨:黑龙江大学,2017.

[3] 王婷.泰国中学生汉语学习风格与民族性格的相关性研究:以泰国乌通中学为例[D].南宁:广西大学,2016.

[4] 王菲雯.司格林及其中国俗文学和民族心理研究[D].天津:南开大学,2014.

[5] 杨伟东.教育史叙事:基础、内涵与应用[D].西安:陕西师范大学,2017.

[6] 周霆.民族志叙事:文学与人类学的学科互涉[D].温州:温州大学,2016.

[7] 郑烁.格鲁吉亚中学生汉语学习动机研究[D].兰州:兰州

大学,2016.

[8] 琳娜.乌克兰乡村绿色旅游发展研究[D].天津:天津大学,2018.

[9] 安会敏.苏联时期波罗的海三国民族问题研究[D].聊城:聊城大学,2017.